Mutter Teresa

Zeiten der Barmherzigkeit

HERDER / SPEKTRUM
Band 4373

Das Buch

Menschen wie Mutter Teresa sind es, die der Welt Hoffnung auf Zukunft geben. Ihr Beruf ist die Liebe. Ihr Lebenswerk machte sie zu einem der am meisten bewunderten Menschen der Gegenwart. Sie war „Frau des Jahres". Den Nobelpreis erhielt sie, weil sie durch die Bekräftigung der Unverletzbarkeit menschlicher Würde auf fundamentalste Weise den Frieden fördert. Mutter Teresa von Kalkutta, als Kind albanischer Eltern geboren, hat ein weltweites Netz der tätigen Liebe gespannt. Als Engel der Ärmsten wirkt sie in den Elendsmetropolen der Dritten und der Ersten Welt. Sie kümmert sich um verlassene Kinder, um Sterbende, um Lepra-Kranke. Heute sind ihre Mitschwestern an allen sozialen Brennpunkten zu finden, in Rom ebenso wie in Moskau, in Agra wie in London. Umgeben von unsäglichem Leid und von Armut hat Mutter Teresa ihr Leben unter den Grundsatz gestellt: „Lasse nie zu, daß du jemandem begegnest, der nicht nach der Begegnung mit dir glücklicher ist." Diese Stimme der Barmherzigkeit ist eine eindrückliche Botschaft auch für uns: Leben ist kostbar. Die Fülle des Herzens zeigt sich im Tun.

Die Autorin

Mutter Teresa, mit bürgerlichem Namen Agnes Gonxha Bojaxhiu, geb. 16. August 1910 in Skopje, ist heute indische Staatsbürgerin. Mit 18 Jahren trat sie den irischen Loreto-Schwestern bei. 1949 gründete sie die „Missionarinnen der Nächstenliebe". 1979 Friedensnobelpreis, 1972 Nehru-Preis, 1985 amerikanische Friedensmedaille des Präsidenten. Weltweite Aktivitäten.

Die Herausgeberin

Leonie Höhren-Seeber, freiberufliche Verlagslektorin, Stuttgart.

Mutter Teresa

Zeiten der Barmherzigkeit

Herausgegeben und eingeleitet
von Leonie Höhren

Herder
Freiburg · Basel · Wien

Originalausgabe

Herstellung: Freiburger Graphische Betriebe 1995
Umschlaggestaltung: Joseph Pölzelbauer
Umschlagfoto: Bacon, © Foto dpa
ISBN 3-451-04373-4

INHALT

EINLEITUNG

MUTTER TERESA – „REVOLUTIONÄRIN“ IM NAMEN DER BARMHERZIGKEIT

Es war Anfang der siebziger Jahre, als in Äthiopien eine ältere katholische Ordensfrau einem Gouverneur gegenüberstand und um ein Stück Land für ein Hospital bat. Etwas von oben herab erklärte er ihr: „Wissen Sie nicht, daß wir hier eine Revolution haben, die für solche Dinge sorgt?“ „Ja“, entgegnete unerschrocken die Ordensfrau, „aber ich bin auch eine Revolutionärin. Meine Revolution kommt jedoch von Gott und besteht nur aus Liebe.“ – Sie bekam ihr Land und konnte ihr Hospital bauen!

Wer war diese kleine, einfache Frau mit dem zerfurchten, beinahe zeitlos alten Gesicht? Sie ist zweifellos eine der außergewöhnlichsten Frauen dieses Jahrhunderts. Agnes Bojaxhiu ist unter diesem Namen nicht sehr bekannt, doch spätestens seit Anfang der siebziger Jahre wissen wohl die meisten Menschen in Europa, aber auch in vielen Ländern der Dritten Welt – besonders jedoch in Indien –, wer „Mutter Teresa“ ist, vor allem aber, was sie tut.

Mutter Teresa, der „Engel von Kalkutta“; eine Frau, die mit den bedeutendsten Auszeichnungen der Welt geehrt wurde; eine Ordensfrau, die den Orden „Missionaries of Charity“ (Missionarinnen der Nächstenliebe) gründete, der inzwischen Niederlassungen in der ganzen Welt hat: Sie hat eines der umfassendsten Werke der Nächstenliebe dieses Jahrhunderts begründet, und doch ist es nicht mit einem der großen karitativen oder diakonischen Werke zu vergleichen, wie wir sie in Mitteleuropa kennen.

Agnes Bojaxhiu – von ihrer Familie liebevoll „Gonxha“

(Knospe) genannt – wurde am 26. August 1910 in Skopje, der heutigen Hauptstadt von Mazedonien, als drittes Kind albanischer Eltern geboren. Die Stadt stand damals noch unter türkischer Herrschaft, die Familie gehörte jedoch dem römisch-katholischen Bevölkerungsteil an. – Es war eine bürgerliche Familie, in der „Gonxha" aufwuchs.

Der Vater hatte ein gutgehendes Baugeschäft. Er starb unter nicht ganz geklärten (politisch bedingten) Umständen, als sie neun Jahre alt war. Da fast gleichzeitig das Baugeschäft verlorenging, mußte die Mutter sich um den Unterhalt der Familie kümmern. Wohl von ihr hat „Mutter Teresa" den praktischen Sinn geerbt, mit dem sie alle Umstände und Schwierigkeiten meistert, die die Aufgabe mit sich bringt, vor die sie sich von Gott gestellt sieht.

Mutter Teresa erzählt selbst, sie habe bereits mit zwölf Jahren zum erstenmal die Berufung gespürt, ihr Leben den Ärmsten der Armen in Indien zu widmen. Mit 18 Jahren trat sie als Novizin in den irischen Orden der Loreto-Schwestern ein, von dem sie wußte, daß er in Indien Missionsarbeit leistete. Nur wenige Monate blieb sie in Irland; dann wurde sie tatsächlich nach Indien geschickt. Der Orden unterhielt ein Haus in der Erzdiözese Kalkutta/Bengalen.

Nach ihrem Noviziat in Darjeeling im Himalaja arbeitete sie mehr als 18 Jahre lang als Lehrerin und Direktorin der St. Mary's High School in Kalkutta, bis dann im September 1946 das eintrat, was sie ihre „zweite Berufung" nennt: Im Zug von Kalkutta nach Darjeeling, wohin sie für einige Tage der Besinnung fahren wollte, „hörte" sie plötzlich „den Ruf Gottes", „wußte" mit aller Gewißheit, daß sie die Sicherheit des Klosters verlassen und sich ganz den Armen widmen sollte. Nun war sie völlig sicher, daß die Aufgabe ihres Lebens darin lag, mit den Armen zu leben, ihnen zu helfen, an ihrem Leid teilzuhaben und es zu mildern. Sie sah Christus selbst in den Armen leiden.

Sie erbat von der Oberin ihres Ordens die Erlaubnis, das Kloster zu verlassen, allein in den Slums von Kalkutta zu arbeiten und mit den Armen zu leben. Fast zwei Jahre dauerte es, bis die Genehmigung dazu aus Rom eintraf.

Am 18. August 1948 verließ sie Loreto. Sie legte ihr Ordensgewand ab und zog den weißen Sari mit der blauen Borte an, der seither das Zeichen der „Missionarinnen der Nächstenliebe" ist. An ihm erkennt man bis heute die Schwestern von Mutter Teresas Orden, die „Missionarinnen der Nächstenliebe", wo auch immer in aller Welt sie ihren Dienst tun.

Nachdem sie das Kloster verlassen hatte, ging sie zunächst für einige Monate nach Patna zu den Missionsärztlichen Schwestern, um dort die Krankenpflege und die Grundlagen medizinischer Kenntnisse zu erlernen. Kurz vor Weihnachten traf sie wieder in Kalkutta ein.

Zu einem Reporter sagte sie später einmal: „Ich bin nicht für den großen Weg, die Dinge zu tun. Worauf es uns ankommt, ist der einzelne. Um dahin zu gelangen, die Person zu lieben, müssen wir in enge Berührung mit ihr kommen. Wenn wir warten, bis wir die großen Zahlen bekommen, werden wir uns in den Zahlen verlieren."

In diesem Verständnis hat sie begonnen. Sie ging in die Slums, die nicht sehr weit von ihrer ehemaligen Schule entfernt waren, und – gründete eine Schule. Es waren zunächst fünf Kinder, die sie draußen unterrichtete; die Buchstaben schrieb sie dabei auf den Boden.

Mit Kindern hat sie ihr Werk begonnen, und die Kinder sind es immer wieder, um die sie sich kümmert, für die sie alle Kraft einsetzt und für deren Wohl sie auch in all ihren Reden und auf ihren Reisen immer wieder eintritt. Als ein Reporter sie eines Tages fragte, ob es „angesichts der allgemein vertretenen Ansicht, daß es zu viele Menschen in Indien gibt, überhaupt der Mühe wert sei, den Versuch zur Rettung einiger weniger verlassener Kinder zu machen", habe sie ihn so verständnislos angesehen, „als wenn man ihr gesagt hätte, es gäbe zu viele Glockenblumen in den Wäldern oder zu viele Sterne am Himmel" (M. Muggeridge).

Der zweite Schwerpunkt ihrer Arbeit ist die Hilfe für die Sterbenden, die Ärmsten der Armen in den Straßen Kalkuttas, die nicht einmal in der letzten Stunde ihres Lebens einen Platz haben. Das Sterben gehört für Mutter Teresa ganz selbstverständlich zum Leben, aber mit dem Tod auf der Straße kann und will sie sich nicht abfinden. Ein wichtiger Teil der täglichen Arbeit der Schwestern und Mitarbeiter besteht darin, Sterbende auf den Straßen Kalkuttas aufzulesen und in ein Gebäude zu bringen, das Mutter Teresa zu diesem Zweck geschenkt bekam. Es ist das Heim für Sterbende („Nirmal Hriday", was auf Bengali „Ort des reinen Herzens" heißt).

Daneben gibt es einen dritten Schwerpunkt ihrer Arbeit: die Hilfe für die Lepra-Kranken. 1958 wurde das erste Lepra-Zentrum, „Titagarh", gegründet; inzwischen gibt es weit über hundert solcher Lepra-Zentren in Asien, Afrika und dem Mittleren Osten. Es gibt dort Medizin und Rat für die Kranken, und man verhilft ihnen zur Selbsthilfe, damit sie, wenn die Krankheit gestoppt ist, auch ein normales Leben weiterführen können.

Der von ihr gegründete Orden ist heute schon in der ganzen Welt verbreitet, mehr als 2000 Ordensschwestern gehören ihm an. Bereits 1990 gab es mehr als 450 Zentren in über 100 Ländern; heute arbeiten in dem von ihr gegründeten Werk mehr als 4000 Mitarbeiter in aller Welt. Vor genau 30 Jahren hat sie den Kampf gegen die Unermeßlichkeit der Not auch in vielen anderen Ländern aufgenommen: 1965 gründete sie die erste Niederlassung außerhalb Indiens in Corocote/Venezuela, 1967 folgte eine in Colombo/Sri Lanka. Es gibt Niederlassungen in Tansania, bei den Ureinwohnern Australiens, in Jordanien, in Papua Neuguinea, im

Irak, in Kapstadt, in Rom, in Essen und Berlin und an vielen weiteren Orten, ja selbst in der Vatikanstadt konnte sie mit Zustimmung und Hilfe des Papstes ein Haus eröffnen, hatte sie doch selbst gesehen, daß es auch dort Arme gibt, die ihrer Hilfe bedürfen. „Sollte es auf dem Mond Arme geben, so werden wir auch dahin gehen", hat sie vor einigen Jahren in einem Interview erklärt. – Mit großer Freude konnte sie 1992 auch das erste Haus in ihrer Heimat Albanien eröffnen.

Über sich selbst will sie nicht viel sprechen, Biographien, die über sie berichten, hält sie nicht für notwendig. Außer den Daten in ihrem Leben, die zu Wegmarken auf dem Weg zu ihrer Lebensaufgabe wurden, ist wenig über sie bekannt. Wenn sie spricht, so ist es über ihre Arbeit, und das tut sie immer, wenn sich eine Gelegenheit dazu ergibt. Aber sie drängt sich nicht danach, Reden zu halten. Für ihre Ansprachen hat sie kein fertiges Konzept. Ihre Vorbereitung – so auch bei der Verleihung des Friedensnobelpreises an sie im Jahre 1979 – besteht im Verweilen beim Gebet in der Kapelle. Aber dann spricht sie über das, was sie erfüllt: über die Armen, deren Hunger und Not, über Gewalt, Krankheit und Sterben, über Ungerechtigkeit und Unfrieden. Sie spricht über körperliches und seelisches Leiden. „Keinem Menschen etwas zu bedeuten, das ist eines der schwersten Leiden", hört man häufig von ihr. Auf diese Weise sieht sie vorwiegend auch die Not bei den Menschen im Westen, in Europa und Amerika. Oft sagt sie, nicht der Hunger nach Brot ist die Not in der westlichen Welt, sondern der Hunger nach Liebe. „Die einen füttern wir mit Liebe, die anderen mit Brot, so wie es notwendig ist", sagte sie bei der Eröffnung ihrer ersten Niederlassung in Deutschland in Essen.

Mutter Teresa ist ein Symbol der Nächstenliebe geworden, aber ihre Hilfe ist immer pragmatisch. Sie sei keine Politikerin, sagt sie, aber wenn sie es für notwendig hält, wendet sie sich auch einmal direkt an die Staatschefs. Umwege geht sie selten, doch sie plant auch nicht viel im voraus. Es ist nicht ihr Werk, sondern das Werk Gottes – und so verläßt sie sich darauf, daß er schon alles so fügt, wie er es will. Ihr Gottvertrauen ist unerschütterlich. Als in der ersten Zeit ihrer Arbeit eines Tages eine Schwester aus Agra am Telefon dringend um 50000 Rupien für ein Kinderheim bat, sagte sie: „Es tut mir leid, es geht nicht. Wir haben das Geld nicht." Am selben Tag erhielt sie telefonisch die Nachricht, sie habe von der Regierung der Philippinen den Magsaysay-Preis (für internationale Verständigung) erhalten. Als sie hörte, mit dem Preis verbunden sei ein Betrag von ungefähr 50000 Rupien, soll sie, während sie noch den Hörer auflegte, gesagt haben: „Anscheinend will Gott ein Kinderheim in Agra."

Neben der Barmherzigkeit, dem Mitfühlen mit allen Leidenden ist wohl die Heiterkeit eine der hervorstechendsten Eigenschaften Mutter Teresas. Charakteristisch ist ihr Lächeln, das auf so vielen Fotos aufleuchtet. Auch heute noch blickt sie mit unerschütterlicher Heiterkeit, auch wenn sich in den letzten Jahren doch öfter einmal Krankheiten und gewiß auch ganz „normale Altersbeschwerden" bemerkbar machten. Ihren Schwestern prägt sie immer wieder ein, daß sie ihren Dienst an den Armen mit Heiterkeit, Freude „und einem Lächeln" tun sollten. In den „Konstitutionen" für die Schwestern schreibt sie: „Immer wenn du jemand ein Lächeln schenkst, ist das eine Tat der Liebe, ein Geschenk an jene Person, etwas Wunderschönes ..."

Mutter Teresa ist eine tieffromme Katholikin; sie hat einen katholischen Schwesternorden gegründet, aber dennoch ist ihr Werk, ihre Arbeit mit den Armen, Kranken und Leidenden wohl eine der größten ökumenischen Leistungen der letzten Jahrzehnte geworden. An diesem Werk arbeiten inzwischen Menschen aller Konfessionen, Religionen und Weltanschauungen mit. Sie selbst beginnt ihren Tag frühmorgens mit einer Andacht in der Kapelle. Die kirchlichen Gebote und Lebensregeln sind für sie selbstverständliche Richtschnur. Dies schließt bei aller Unbedingtheit ein eher pragmatisches Verhältnis zu kirchlichen Autoritäten nicht aus. Malcolm Muggeridge schreibt einmal, daß sie „kirchliche Autorität auf die gleiche bedingungslose Art annimmt, wie die Bauern das Wetter und die Seeleute Stürme hinnehmen. Es würde ihr weder einfallen, sie zu verehren, noch sie herauszufordern".

Als Mutter Teresa 1979 den Friedensnobelpreis erhielt, mußte wohl mancher Redakteur erst in den Archiven suchen, um herauszubekommen, wer die Ordensfrau aus Indien war, die diesen wichtigsten aller Preise in der Welt erhielt. Und doch war der Nobelpreis nur einer von vielen, die sie erhalten hat. Viele Menschen waren sich aber bei der Preisverleihung darin einig, daß Mutter Teresa mit der Annahme der Auszeichnung gleichzeitig den Ruf des Friedens-Nobelpreises wieder gestärkt hatte. Für sich selbst wollte sie diesen Preis nicht; sie nahm ihn, weil damit gleichzeitig die Armen, denen sie dient, geehrt wurden. – Die erste Anerkennung ihrer Arbeit hatte sie bereits 1962 aus ihrer Wahlheimat Indien bekommen. Sie erhielt den Padma Shri (Lotus-Orden). Es war das erste Mal, daß jemand diesen Preis erhielt, der nicht in Indien geboren war. Noch viele Preise sind diesem gefolgt bis hin zur höchsten Ehrung, die vom britischen Königshaus verliehen werden kann, der „Order of Merit" (Verdienstorden).

Mutter Teresa ist keine Schriftstellerin. Die hier wiedergegebenen Texte stammen vorwiegend aus Reden, vorzugsweise aus Reden zu den verschiedenen Preisverleihungen. Dort spiegelt sich ihre Gedankenwelt am authentischsten und für ein größeres Publikum zugleich am verständlichsten wider. Daneben wurden Interviews und Briefe ausgewertet.

Nicht alle Texte dieser Auswahl wurden von ihr so zusammenhängend gesprochen oder niedergeschrieben, wie sie in diesem Band festgehalten sind. Es sollten hier nicht einfach Texte wiedergegeben, sondern in konzentrierter Form Leitgedanken und Leitbilder ihres Tuns dokumentiert werden. Der Leser soll auf diese Weise so unverstellt wie möglich erfahren, woraus diese ungewöhnliche, scheinbar so gar nicht in unsere Zeit passende Frau die Lebenskraft für ihr großes, auf keinerlei Sicherheiten aufbauendes Werk schöpft – aus ihrem Glauben. Als einfache Ordensfrau ist sie zu einem weltweit wirkenden Vorbild der Nächstenliebe geworden – ein Anwalt der Hoffnung auf eine menschlichere Zukunft.

Leonie Höhren

MEIN BERUF IST LIEBE

Wer einmal mit Mutter Teresa zusammentrifft, wird diese Begegnung nie vergessen. Wer sie sprechen hört, weiß, daß sie kein Konzept vorzubereiten braucht, sondern daß sie aus dem spricht, was sie erfüllt. Sie hat die Armen dieser Welt vor den Augen, die unter Hunger, Unfrieden und Gewalt leiden. Sie bleibt mitten unter ihnen, auch wenn sie um die Welt reist. Sie ist ihr Anwalt, ihre Stimme.

GEORG HÜSSLER

MEIN BERUF – MEINE BERUFUNG

Ich war damals erst zwölf Jahre alt. Ich lebte zu Hause bei meinen Eltern; wir Kinder gingen zu einer nichtkatholischen Schule, aber wir hatten auch sehr gute Priester, die den Jungen und Mädchen halfen, ihrer Berufung gemäß dem Willen Gottes zu folgen. Damals wußte ich zum erstenmal, daß ich eine Berufung für die Armen hatte ... Ich wollte Missionarin werden, ich wollte hinausgehen und den Menschen in den Missionsländern das Leben Christi geben. Damals waren einige Missionare von Jugoslawien nach Indien gegangen. Sie erzählten mir, daß die Loretoschwestern in Kalkutta und anderen Städten arbeiteten. Ich bot mich an, in die Bengalenmission zu gehen, und von dort aus schickte man mich 1929 nach Indien.

(10)

DAS WERK BEGINNT

... Es war ein Ruf innerhalb meiner Berufung. Es war eine zweite Berufung. Es war eine Berufung, sogar Loreto aufzugeben, wo ich sehr glücklich war, und auf die Straßen hinauszugehen, um den Ärmsten der Armen zu dienen ...

1946 fuhr ich nach Darjeeling, um Urlaub zu machen. Dort im Zug hörte ich den Ruf, alles aufzugeben und ihm in die Slums zu folgen, um ihm unter den Ärmsten der Armen zu dienen ...

Ich verließ den Loretokonvent und ging zuerst zu den Schwestern nach Patna, um mich ein wenig in medizinischer Arbeit ausbilden zu lassen, damit ich in die Häuser der Armen gehen konnte. Bis dahin war ich nur Lehrerin gewesen, und ich konnte meine Arbeit nicht mit Unterrichten beginnen. Zuerst mußte ich in die Häuser gehen und die Kinder und die Kranken sehen. In der ersten kleinen Schule, mit der ich am ersten Tag begann, waren fünf Kinder. Danach hatten wir allmählich immer mehr Kinder ... Ich begann, ihnen ihr Alphabet beizubringen, denn, obwohl es größere Kinder waren, hatten sie nie eine Schule besucht, und keine Schule wollte sie. Dann hielten wir Unterricht in praktischer Gesundheitspflege ab. Wir sagten ihnen, wie man sich wäscht. Am nächsten Tag kamen zwei oder drei Mädchen von der Schule, an der ich unterrichtet hatte, sie halfen mir mit den Kindern. Allmählich begann das Werk zu wachsen, und es kamen auch einige Damen aus Kalkutta, die Lehrerinnen an der Schule gewesen waren, an der auch ich unterrichtet hatte.

(10)

DER ANFANG

Zuerst hatte ich nur fünf Rupien, aber allmählich, als die Leute erfuhren, was ich tat, brachten sie Sachen und Geld. Es war alles göttliche Vorsehung, weil ich von Anfang an überhaupt nicht um Geld gebeten habe ... Alles war Geschenk. Ich wollte den Armen nur um der Liebe Gottes willen dienen. Ich wollte den Armen geben, was die Reichen durch Geld erlangen ...

1949 begannen die Schwestern zu kommen; die erste, die unsrer Kongregation beitrat, war Schwester Agnes. Sie ist jetzt meine Assistentin ...

Ja, und die ersten zehn Mädchen, die kamen, waren alle ehemalige Schülerinnen von mir. Eine nach der anderen gab sich Gott hin, um den Ärmsten der Armen zu dienen. Sie wollten sich ganz Gott geben. Dann kamen andre Helferinnen: Ärzte und Krankenschwestern kamen freiwillig, um uns zu helfen.

(10)

... Sie wollten alles Gott geben und hatten Eile damit. Sie zogen mit heimlicher Genugtuung ihre raffinierten Saris aus, um den bescheidenen Baumwollsari zu tragen. Sie kamen, obwohl sie wußten, daß ihr Leben sehr schwer würde. Wenn eine Tochter der höheren Kaste anfängt, den Parias zu dienen, so ist das eine Revolution, die größte, die schwerste von allen: die Revolution der Liebe! ...

Die erste Arbeit, die sie vollbringen müssen, ist, ihre [der Sterbenden] Gesichter und Körper zu waschen. Die Mehrzahl kennt Seife so wenig, daß der Schaum ihnen Angst einjagt. Wenn die Schwestern nicht imstande wären, in diesen Unglücklichen das Antlitz Christi zu sehen, wäre ihre Arbeit unmöglich ...

Uns ist es wichtig, daß sie ernsthaft eure Liebe erfahren. Hier werden sie von neuem als Menschen geachtet und sterben inmitten einer eindrucksvollen Stille ... Gott liebt die Stille ...

Die Armen sind nicht nur glücklich, daß man sie bedient. Sie sind auch glücklich über die Heiterkeit der Schwestern, die sie ihnen in verschwenderischer Großzügigkeit schenken.

(7)

TAGEBUCH-EINTRAGUNG (1948)

Heute bekam ich eine gute Lektion. Das Elend muß die Armen äußerst hart ankommen. Als ich auf der Suche nach einem neuen Heim [als Zentrum] war, ging und ging ich, bis meine Arme und Beine weh taten, und ich überlegte, wie viele Schmerzen an Leib und Seele wohl die Armen ertragen müssen, wenn sie eine Unterkunft suchen, wenn sie Nahrung brauchen oder Hilfe zur Gesundung. Dann überkam mich die Versuchung, und ich dachte an die Annehmlichkeiten von Loreto. Aber aus freien Stücken und aus Liebe zu Dir, mein Gott, will ich bleiben und tun, was immer Dein heiliger Wille mir bestimmen mag. Gib mir Mut dazu, jetzt in diesem Augenblick!

(2)

SIE BRAUCHEN UNSERE HÄNDE UND UNSERE HERZEN

Und damit die Liebe echt sei, muß sie vor allem meinem Nachbarn gelten ... Unsere Schwestern und unsere Brüder und unsere Mitarbeiter in aller Welt versuchen, diese Liebe Gottes in Taten umzusetzen ... Nur wenn sie die Armen kennen, werden sie sich dem Dienst widmen. Die wenigen Menschen, die uns während der Schwierigkeiten mit den Flüchtlingen aus Bengalen zu Hilfe gekommen sind, haben gesagt: Wir haben mehr empfangen, als wir in unserem Dienst gegeben haben.

Genau das empfindet jeder von uns, wenn er mit den Ärmsten der Armen zu tun hat. Und genau das braucht unser Volk. Sie brauchen unsere Hände, damit wir ihnen dienen, und unsere Herzen, damit wir sie lieben. Denkt an die Einsamkeit der Greise, die mittellos sind, die niemand liebt und die überhaupt niemanden haben. An vielen Orten können wir dieses Leid, diesen Hunger nach Liebe sehen, den nur Ihr und ich stillen können.

Denkt an die verlassenen Kinder. Eines Tages habe ich ein kleines Kind gesehen, das nicht gegessen hat, seine Mutter war gestorben. Da habe ich eine Schwester gefunden, die seiner Mutter ähnlich gesehen hat, und habe ihr gesagt, nichts anderes zu tun, als mit dem Kind zu spielen, und es hat wieder Appetit bekommen.

(31)

„DAS IST DAS WUNDER"

Seit wir unsere Arbeit begonnen haben, geschieht etwas Wunderbares. Immer mehr Arme kommen aus den Dörfern nach Kalkutta, aber es gibt einen Unterschied: Die Leute fangen an, sich Gedanken zu machen. Früher pflegten sie an einem auf der Straße Sterbenden vorbeizugehen, aber wenn sie jetzt so etwas sehen, tun sie sofort etwas. Wenn sie keinen Krankenwagen bekommen können, bringen sie den Sterbenden mit einer Rikscha oder einem Taxi zu uns oder schaffen ihn nach Kalighat, oder sie rufen uns an. Das Entscheidende ist, daß sie etwas tun; ist das nicht wunderbar? Zum mindesten ist ihr Gefühl geschärft. Und die Armen haben auch keine Angst mehr. Früher fürchteten sie die Polizei, aber jetzt wissen sie, daß es einen Ort gibt, wohin sie gehen können, und Schwestern, die ihnen beistehen.

Wir helfen nicht nur den Sterbenden, nein, auch den Lebenden. Wir haben Schischu Bhavan, unsere Ambulatorien und unsere Schulen …

Ich wußte nicht, daß unser Werk so schnell wachsen und sich so weit ausbreiten würde. Ich habe nie daran gezweifelt, daß es leben würde, aber ich habe nicht gedacht, daß es so werden würde. Zweifel hatte ich nie, weil ich überzeugt war, daß das Werk gedeihen würde, wenn Gott es segnete. Menschlich gesehen, war es unmöglich, völlig ausgeschlossen. Weil keiner von uns Erfahrung besaß. Niemand von uns hatte die Dinge, die in der Welt zählen. Das ist das Wunder all dieser kleinen Schwestern überall in der Welt. Gott benutzt sie – sie sind kleine Werkzeuge in seiner Hand. Aber sie leben aus dieser Überzeugung. Solange jeder von uns diese Überzeugung hat, ist alles in Ordnung. Das Werk wird gedeihen. In dem Augenblick jedoch, in dem wir sagen: „Das bin ich, das ist mein Werk“, wird unser Tun selbstsüchtig. Nichts davon wird mehr notwendig sein. Die Kongregation und das Werk werden sterben.

Darum steht diese Überzeugung für uns am Anfang … Darum brauchen wir Jesus – um unsern Glauben zu vertiefen … Wenn wir diese sich vertiefende Verbindung mit Christus besitzen und ihn voll annehmen, können wir die geschundenen Leiber der Armen berühren. Wir setzen das unmittelbar in die Praxis um.

(5)

SORGE FÜR DEN EINZELNEN

Ich möchte nicht, daß du einfach von deinem Überfluß abgibst. Du sollst berühren, um zu verstehen. Wir sind nicht Sozialarbeiter, sondern Kontemplative in der Welt. Bei unserer Arbeit unter den Ärmsten der Armen berühren wir Jesus alle vierundzwanzig Stunden des Tages.

Die ganz Armen brauchen nicht Worte, sondern Taten; und ich kann nicht Systeme, wirtschaftliche Modelle und Ideologien analysieren. Ich erkenne, daß jeder Mensch ein Gewissen hat, dessen Ruf er folgen muß. Meines ist so. So oft hat man mir gesagt, ich müßte nicht Fische geben, sondern Ruten, damit die Menschen selbst fischen können. Mein Gott! Wie oft haben sie nicht die Kraft, eine Rute zu halten! Wenn ich ihnen Fisch gebe, helfe ich ihnen, die Kraft zu gewinnen, die sie morgen zum Fischen brauchen.

Da sind diejenigen in der Welt, die für Gerechtigkeit und Menschenrechte kämpfen, die versuchen, die Strukturen zu verändern. Wir übersehen das nicht. Doch wir stehen täglich Menschen gegenüber, die nicht ein Stück Brot zu essen haben. Unsere Berufung ist, das Problem des Einzelnen und nicht des Kollektivs zu betrachten. Wir sorgen für den Einzelnen und nicht für die Masse. Wir suchen den Menschen auf, mit dem Christus sich eins sah, wenn er sagt: „Ich war hungrig", „Ich war krank". Auch wer das Problem der Armut verstandesmäßig kennt, hat es nicht verstanden. Nicht durch Lesen, nicht bei einem Rundgang durch die Slums, während dessen wir das eine bewundern und das andere bedauern, können wir es verstehen und entdecken, was darin Gutes und Böses liegt. Wir müssen in die Armut hineintauchen, sie leben, sie teilen.

(11)

HUNGER

Vor einigen Wochen fand ich ein hungerndes Kind auf der Straße. Wer weiß, wie viele Tage es nichts gegessen hatte. Ich gab ihm ein Stück Brot; das Kind nahm es und begann eine Krume nach der anderen zu essen. Ich sagte ihm: „Nimm nur, iß das Brot!" Das Kind schaute mich an und sagte: „Ich habe Angst. Wenn ich das Brot aufgegessen habe, bekomme ich wieder Hunger!" Der Schmerz des Hungers ist etwas Schreckliches. Dieses Kind hat ihn schon erfahren. Ihr wißt vielleicht nicht, was Hunger ist, und werdet es nie wissen. Aber denkt daran, die Freude des Lebens mit anderen zu teilen, indem ihr gebt, bis es weh tut.

(12)

DIE MASSE UND DER EINZELNE

Ich denke nie an die große Menschenmenge, sondern an den einzelnen. Wenn man an die Masse denkt, würde man gar nicht erst anfangen können. Für mich ist der einzelne wichtig. Ich glaube an die Begegnung von Mensch zu Mensch.

... Wenn jemand das Gefühl hat, Gott wolle, daß er die Gesellschaftsstruktur ändert, so ist das ein Problem zwischen ihm und Gott. Alle müssen Gott dort dienen, wo sie sich dazu gerufen fühlen. Ich fühle mich dazu aufgerufen, dem einzelnen Menschen zu helfen, jeden einzelnen Menschen zu lieben. Mich interessieren die Gesellschaftsstrukturen nicht. Ich fühle mich auch nicht imstande, sie zu beurteilen oder zu verurteilen.

(7)

WIE EIN ENGEL ...

In Kalkutta arbeiten unsere Schwestern und Brüder für die Ärmsten der Armen; für die, die niemand haben will, die von niemandem geliebt werden, für die Kranken und Sterbenden; sie arbeiten für die Leprakranken und die kleinen Kinder. Aber ich kann sagen, daß ich in all den Jahren unserer Tätigkeit dort niemals einen armen Menschen habe murren, fluchen oder sich beklagen hören. Ich erinnere mich an einen Mann, den wir von der Straße aufgelesen hatten und der von Würmern schier aufgefressen wurde. Und dieser Mann sagte: „Ich habe wie ein Tier auf der Straße gelebt, aber ich bin auf dem Wege, wie ein Engel zu sterben, ich werde geliebt, und man sorgt sich um mich." Er starb wie ein Engel – einen guten Tod ...

... Ich versuche den Armen durch Liebe das zu geben, was die Reichen mit Geld bekommen können. Nein, ich würde einen Leprakranken nicht für tausend Mark anfassen, aber ich pflege ihn ohne zu zögern aus Liebe zu Gott.

(13)

ARM MIT DEN ARMEN

Der Sari erlaubt den Schwestern, sich unter den Armen arm zu fühlen, sich mit den Kranken, den Kindern, den Alten und Hilflosen zu identifizieren. Die Missionarinnen der Nächstenliebe teilen durch ihre Kleidung die Lebensweise der Ärmsten dieser Welt. Selbstverständlich braucht Indien für seine Entwicklung Techniker, Facharbeiter, Wirtschaftler, Ärzte, Krankenschwestern. Es braucht Planung und eine allgemeine Koordinierung der zu unternehmenden Schritte. Wie lange müßten wir aber auf diese Pläne warten, um schließlich Ergebnisse zu sehen? Wir wissen es nicht. Während dessen müssen die Menschen leben, brauchen sie etwas zu essen und anzuziehen, muß für sie medizinisch gesorgt werden. Unser erstes Arbeitsfeld ist das Indien, wie es heute ist. Solange diese Bedürfnisse fortbestehen, werden wir unsere Arbeit fortsetzen.

(13)

„WAS IST EIN CHRIST?“

Es ist keine Sünde, wenn man reich ist. Es muß einen Grund dafür geben, daß es Menschen gibt, die im Wohlstand leben können. Sie haben ihn wohl erarbeitet. Aber ich sage euch, daß dies Geiz hervorruft, und daraus erwächst die Sünde. Reichtum ist ein Geschenk Gottes, und es ist unsere Pflicht, ihn mit den weniger Begünstigten zu teilen.

Vor einiger Zeit wurde ein Hindu gefragt: „Was ist ein Christ?“ Er gab darauf eine sehr einfache und doch seltsame Antwort: „Ein Christ gibt.“ Und von Anfang an sehen wir, daß es wirklich ein Geben war. Gott liebte die Welt so sehr, daß er ihr seinen Sohn gab – das erste Geben. Er war reich, aber um deinet- und meinetwillen wurde er arm. Er gab sich ganz. Aber nicht genug: er wollte noch mehr geben: nämlich uns die Möglichkeit, ihm zu geben. So machte er sich zum Hungernden und Nackten, damit wir ihm geben können.

Wir wollen uns nicht damit begnügen, nur einfach Geld zu geben; Geld ist nicht genug, das läßt sich beschaffen. Die Armen brauchen unsere dienenden Hände, unsere liebenden Herzen. So wollen wir nicht einfach von unserem Überfluß abgeben, sondern geben, bis es wehtut.

(11)

VERTRAUEN UND FRÖHLICHKEIT

Das ist der Geist unserer Gemeinschaft: völlige Hingabe, liebendes Vertrauen und Fröhlichkeit. Wir müssen fähig sein, die Liebe Christi auszustrahlen, sie in unsern Handlungen sichtbar zu machen. Wenn unser Tun nur einfach nützlich wäre, das den Menschen keine Freude bringt, dann würden unsere Armen sich nie dem Ruf öffnen können, den wir sie hören lassen wollen, dem Ruf, Gott näherzukommen. Wir wollen ihnen das Gefühl vermitteln, daß sie geliebt werden. Wenn wir mit traurigem Gesicht zu ihnen gingen, würden wir sie nur noch niedergedrückter machen.

(13)

... Ein kleines Lächeln vielleicht; ein kurzer Besuch; einfach helfen, Feuer zu machen, für einen Blinden einen Brief schreiben; ein paar Eimer mit Kohlen hinauftragen; ein Paar Schuhe finden; jemandem vorlesen: Das ist wenig, ja ganz wenig, aber es wird unsere Liebe zu Gott in die Tat umsetzen.

Auch wenn wir in diesem Jahr weniger Geld zusammenbringen, viel weniger Geld, aber dafür mehr von der Liebe Christi verbreiten und ausstrahlen – wenn wir dem hungernden Christus nicht nur ein wenig Brot geben, sondern auch ein wenig von unserer Liebe, von unserer Gegenwart, von unserer Gemeinschaft, dann könnte dies Jahr das Jahr der lebendigen und wirklichen Explosion der Liebe sein, die Gott für die Welt hat.

(14)

LIEBE BEGINNT ZU HAUSE

Sie ist eine einfache Frau, nüchtern, sehr schlicht. Sie lächelt gern, ein immer spontanes Lächeln. Sie hat ein ausgeprägtes Gesicht voller Runzeln. Ihr Blick ist durchdringend und sanft. Ihre Augen sind dunkel und klein, die Nase wie die eines Adlers, die Lippen dünn. Obwohl sie sich nie eine Minute der Ruhe gegönnt hat, schätzt man sie nicht älter als sie ist. Ihre einfache Herkunft ist in ihrem Aussehen, in ihrem ganzen Wesen und auch in ihrer Art, die Dinge anzupacken, immer zu spüren. Wenn jemand sie als Heldin feierlicher Handlungen zusammen mit ganz einfachen Menschen gesehen hat, dann erkannte er ihre eigene Schlichtheit. Sie ist bei solchen Feierlichkeiten nicht anders, als wenn sie einem Sterbenden den Schweiß abwischt, Wunden eines Leprakranken verbindet oder ein Neugeborenes aus den Trümmern holt.

JOSÉ LUIS GONZÀLEZ-BALADO

DIE MENSCHEN HUNGERN NACH LIEBE

Die Armen müssen wissen, daß wir sie lieben, daß sie erwünscht sind. Sie selbst haben nichts zu geben außer Liebe. Wir fragen uns, wie wir diese Botschaft der Liebe und des Mitfühlens verständlich machen können. Wir versuchen, der Welt durch unsere Arbeit Frieden zu bringen. Aber ist diese Arbeit nicht das Geschenk Gottes?

Die Menschen von heute hungern nach Liebe, nach verstehender Liebe, die die einzige Antwort auf Einsamkeit und bittere Armut ist. Deshalb können wir in Länder wie England und Amerika und Australien gehen, wo es keinen Hunger nach Brot gibt. Aber dort leiden die Leute unter schrecklicher Einsamkeit, schrecklicher Verzweiflung, schrecklichem Haß, fühlen sich unerwünscht, hilflos, hoffnungslos. Sie haben das Lächeln verlernt, sie haben die Schönheit menschlicher Berührung vergessen. Sie wissen nicht mehr, was menschliche Liebe ist. Sie brauchen jemand, der sie versteht und achtet.

Wissen Sie, die Jungen beginnen zu verstehen. Sie wollen mit ihren Händen dienen und mit ihren Herzen lieben. Ganz und gar, nicht nur oberflächlich.

Liebe kann für selbstsüchtige Zwecke mißbraucht werden. Ich liebe jemand, aber gleichzeitig möchte ich von ihm soviel wie möglich haben, selbst Dinge, die zu nehmen mir nicht ansteht. Dann ist das keine wahre Liebe mehr. Wahre Liebe tut weh. Sie muß immer weh tun. Es muß schmerzhaft sein, jemand zu lieben; schmerzhaft, ihn zu verlassen, man möchte für ihn sterben. Wenn Menschen heiraten, müssen sie alles aufgeben, um einander zu lieben. Die Mutter, die einem Kind das Leben schenkt, leidet viel ... Das Wort „Liebe" wird so mißverstanden und so mißbraucht ...

(5)

KOSTBAR IN SEINEN AUGEN

Jedes einzelne Kind, du und ich, wir alle wurden für etwas Größeres erschaffen: zu lieben und geliebt zu werden.

Wir wissen aus der Schrift, daß Gott zum Propheten sagt: „Ich habe dich beim Namen gerufen, du bist mein, du bist kostbar in meinen Augen, ich liebe dich." Diese Worte besagen, daß wir für Gott kostbar sind; er liebt uns und will, daß auch wir ihn lieben ...

Er liebt mich. Und wie liebt er mich? Er sagt es: „Selbst wenn eine Mutter ihr Kind vergessen würde: ich vergesse dich nicht. Ich habe dich in meine Handfläche eingeschrieben." Ich habe über diesen Text nachgedacht und sagte mir: Millionen und Abermillionen müssen in seiner Hand sein, und dennoch kann er mich sehen – dort, in seiner Hand! Ich muß ein ganz kleines Teilchen sein, aber ich muß mich dort befinden, weil er es sagt.

Es ist herrlich, daran zu denken, vor allem dann, wenn wir leiden, uns einsam fühlen oder betrübt sind. Denk daran, du bist dort – und gerade dann, wenn du am stärksten leidest, ruhen seine Augen auf dir, bist du für ihn kostbar.

Wir sind kostbar für ihn. Ein Mensch stirbt auf der Straße – kostbar für ihn. Ein Millionär – kostbar für ihn. Ein Sünder – kostbar für ihn. Weil er uns liebt.

(17)

SICH-KENNEN FÜHRT ZUR LIEBE

Auch in England gibt es die staatliche Fürsorge. Als ich aber nachts durch die Straßen ging und ihre Häuser betrat, fand ich dahinsterbende, ungeliebte Menschen. Das ist – mitten unter uns – eine andere Art von Armut; eine Armut des Geistes, des Verlassenseins und des Unerwünschtseins. Darin sehe ich heute die schlimmste Krankheit auf der Welt; nicht die Tuberkulose oder die Leprakrankheit. Ich glaube, es wird immer notwendiger, den Leuten zu zeigen, wer die Armen sind. Die Menschen in England und anderswo würden den Armen ihr Herz und ihre Liebe geben wie auch ihre Hände, um ihnen zu dienen. Dies aber ist nicht möglich, solange die Leute diese Armen nicht kennen. Sich-Kennen führt zur Liebe und Liebe zum Dienen. (13)

DER EINSAME NEBEN UNS

... Mir diesen Preis [Templeton-Preis] zu verleihen, heißt, ihn all denen verleihen, die in aller Welt mit mir im Liebeswerk arbeiten.

Wie viele vereinsamte Menschen gibt es hier in England, die man nur durch ihre Hausnummer kennt ... Wo sind wir? Wissen wir wirklich, daß es da jemand gibt, der vielleicht neben uns wohnt? Vielleicht gibt es einen Blinden, der glücklich wäre, wenn ihr ihm aus der Zeitung vorlesen würdet ... Vielleicht gibt es einen Reichen, den niemand besucht ... Er besitzt viele andere Reichtümer, aber er ist in ihnen ertrunken. Er hat keine menschliche Gemeinschaft, und er braucht eure Gemeinschaft ... Vor einiger Zeit ist ein sehr reicher Mann zu uns gekommen und hat mir gesagt: „Ich bringe Ihnen das hier, damit mich jemand besuchen kommt. Ich selbst bin halb blind, meine Frau leidet an Depressionen, unsere Kinder sind alle ausgewandert, und wir sterben vor Einsamkeit."

In Melbourne habe ich einen alten Mann besucht, von dessen Existenz niemand wußte; ich habe gesehen, daß sein Zimmer in einem erbärmlichen Zustand war, und wollte es aufräumen. Er hat mich daran gehindert: „Mir geht es sehr gut." Ich habe nichts gesagt, und zuletzt hat er es erlaubt. In seinem Zimmer stand eine wunderschöne, ganz verstaubte Lampe. Ich fragte ihn: „Warum zünden Sie diese Lampe nicht an?" „Für wen? Mich besucht ja niemand. Ich brauche keine Lampe." Da habe ich ihn gefragt: „Werden Sie die Lampe anzünden, wenn die Schwestern Sie besuchen kommen?" „Ja, wenn ich eine menschliche Stimme höre, werde ich sie anzünden."

Und unlängst hat er mir sagen lassen: „Sagen Sie meiner Freundin, daß die Lampe, die sie in meinem Leben entzündet hat, immer weiter brennt."

Das sind die Menschen, die wir kennen müssen.

Wenn wir sie kennen, werden wir lernen, sie zu lieben, und die Liebe wird uns lehren, ihnen zu dienen. Geben wir uns nicht zufrieden, nur Geld zu schenken. Das Geld genügt nicht. Geld kann man erwerben. Aber sie brauchen eure Hände, damit ihr ihnen dient; sie brauchen eure Herzen, damit ihr sie liebt.

Sehr oft bitte ich nicht um Geld, sondern um andere Geschenke. Diese Dinge kann ich kaufen, aber ich möchte, daß der Geber anwesend ist, um diejenigen zu rühren, denen er gibt, um ihres Lächelns willen, daß er sich mit ihnen abgibt, das bedeutet ihnen soviel! ...

Als ich das erste Mal in London war, bin ich in der Nacht ausgegangen. Es war eine sehr kalte Nacht, und wir haben Menschen auf der Straße getroffen. Da war ein würdiger alter Mann, der vor Kälte zitterte. Vor ihm stand ein anderer alter Mann, ein Neger, der ihn mit seinem offenen Mantel vor der Kälte schützte und den er bat: „Führen Sie mich, wohin Sie wollen, ich möchte so gern einmal zwischen zwei Leintüchern schlafen."

Er war ein gutaussehender Mann, der sicher einmal bessere Tage gesehen hatte, aber da war er nun. Und wir haben um uns geblickt und haben viele andere gesehen.

Auch wenn es nur einer gewesen wäre, so war es Jesus. So wie es in der Heiligen Schrift steht: „Ich habe einen gesucht, der sich meiner annimmt, und habe keinen gefunden."

Wie schrecklich wäre es, wenn Jesus uns das heute sagen

müßte! ... Ohne die Möglichkeit, die geistliche Botschaft kennenzulernen, ist der aufrechteste und intelligenteste Geist wirklich nicht mehr als eine in einer Flasche eingeschlossene Biene ...

Ich dringe darauf, daß sich Menschen in unserem und in ihrem Interesse unserer Arbeit anschließen. Ich bitte sie nie um Geld oder ähnliches. Ich bitte sie nur, ihre Liebe mitzubringen und ihre Hände, um zu dienen. Sobald sie denen begegnen, die in Not sind, ist ihre erste Regung, etwas für sie zu tun. Wenn sie ein zweites Mal kommen, kommen sie nicht mehr los. Nach einiger Zeit fühlen sie, daß sie zu den Armen gehören, sie verstehen ihr Verlangen zu lieben, was sie sind und was sie selbst schenken können.

(27)

EIN ANDERES GESICHT DER ARMUT

Einmal lasen wir in den Straßen von Kalkutta einen jungen Mann auf. Er hatte eine sorgfältige Erziehung erhalten und mehrere akademische Grade erworben. In schlechte Gesellschaft geraten, hatte man ihm seinen Ausweis gestohlen. Nach einiger Zeit fragte ich ihn, warum er seine Eltern verlassen habe. Er sagte mir, daß sein Vater ihn nicht leiden konnte. „Seit meiner Kindheit hatte er mir nie mehr in die Augen gesehen. Er wurde eifersüchtig auf mich, und so ging ich von zu Hause fort."

Die Schwestern beteten viel für den jungen Mann und halfen ihm, nach einiger Zeit wieder nach Hause zu gehen und seinem Vater zu verzeihen: und das hat beiden geholfen. Auch so kann Armut aussehen.

(13)

ZU HAUSE IST DORT, WO DIE MUTTER IST

Einmal fand ich ein Kind und brachte es in unser Kinderheim, badete es, gab ihm saubere Kleider, alles. Aber einen Tag später lief es weg. Es wurde von jemand anderem wieder gefunden, doch es lief von neuem weg. Da sagte ich zu den Schwestern: „Geht doch bitte diesem Kind nach und behaltet es im Auge. Schaut, wohin es geht, wenn es weglaufen sollte." Und das Kind lief zum dritten Mal weg. Nicht weit entfernt, unter einem Baum, war seine Mutter. Sie hatte zwei Steine unter einen irdenen Topf gelegt und kochte darin etwas, was sie im Abfall gefunden hatte. Die Schwester fragte das Kind: „Warum bist du aus dem Heim weggelaufen?" Da sagte das Kind: „Hier bin ich zu Hause, denn hier ist meine Mutter."

Die Mutter war da, und das war daheim. Daß das Essen vom Abfallhaufen stammte, war nicht wichtig: Mutter hatte es gekocht. Es war die Mutter, die das Kind an sich drückte, die Mutter, die das Kind wollte, und das Kind hatte seine Mutter.

(11)

KINDER, DIE NIEMANDEN HABEN

Ja, mit ihnen [den Kindern] beginnen wir, und mit ihnen hören wir auf. Es sind Kinder, die niemanden haben. Einmal, in der ersten Zeit unserer Arbeit, brachte uns ein Polizist eine Gruppe Kinder, die beim Stehlen gefaßt worden waren. Sie waren noch viel zu klein, um ins Gefängnis geworfen zu werden. Ich fragte sie, warum sie das getan hätten. Sie erklärten mir, daß sie jeden Abend zwischen fünf und acht Uhr von größeren in der Technik des Stehlens unterrichtet würden. Ich sagte mir, daß es nötig sei, etwas für solche Kinder zu tun ...

Ich glaube nicht, daß es in Indien eine sichere Methode

gibt, um das Morgen der Kinder von heute vorzubereiten. Wir kümmern uns um die ärmsten dieser Kinder, um die, die wir in den Slums finden und die niemanden haben. Jedes von ihnen braucht monatlich etwa sechs Dollar. Es ist wunderbar, wie Kinder aus anderen Ländern helfen: Franzosen, Engländer, Deutsche, Spanier, Schweizer, Dänen ... Sie geben großzügig ihr Erspartes. Für jedes unserer Kinder haben wir ein Sparkonto. Wenn das Konto größer wird und das Kind begabt ist, kommt es in eine höhere Schule. Anderen geben wir die Möglichkeit, einen technischen oder sonstigen Beruf zu erlernen, damit sie später ihr Brot verdienen können. Wir haben Werkstätten, in denen sie ausgebildet werden.

(7)

Viele dieser Kinder sind ihren Eltern unerwünscht, manche lesen wir auf, manche bekommen wir von den Hospitälern, sie sind dort von den Eltern zurückgelassen worden. Einige holen wir aus den Gefängnissen, einige bringt uns die Polizei. Aber woher sie auch immer kommen, bis jetzt haben wir noch nie ein Kind abgelehnt. Wir haben immer noch ein Bett für ein weiteres Kind.

Ja, viele würden sterben, besonders von den Kindern, die unerwünscht sind. Sehr wahrscheinlich würden sie entweder fortgeworfen oder getötet werden. Aber das ist nicht unser Weg; unser Weg ist, Leben zu bewahren ...

Er [Gott] sorgt für die Blumen und die Vögel, für alles in der Welt, das er geschaffen hat. Und diese kleinen Kinder sind sein Leben. Es kann nie genug davon geben.

(10)

Ich kann die Liebe der richtigen Mutter nicht ersetzen, aber ich habe noch kein Kind zurückgewiesen. Nicht ein einziges. Jedes Kind ist kostbar. Jedes ist ein Geschöpf Gottes ...

Wenn ein Kind nicht adoptiert wird, bei älteren Kindern

zum Beispiel oder wenn Bruder und Schwester nicht getrennt werden sollen, dann finden wir in der Regel einen Geldgeber für ihre oder seine Ausbildung. Wir haben Tausende von Kindern, deren Ausbildung von „Paten“ aus Indien und dem Ausland bezahlt wird ...

Es ist ein Wunder, jeden Tag kommen ein oder zwei Familien, sogar Hindu-Familien aus einer hohen Kaste, die ein Kind adoptieren wollen. Nach Hindu-Gesetz wird ein adoptiertes Kind zum gesetzlichen Erben und kann Besitz erben.
(3)

AUFFORDERUNG ZUR SELBSTHILFE

... Dieses Geld [Friedensnobelpreis = DM 340000,–] wird ein Wunder vollbringen. Wir arbeiten unter Tausenden von Leprakranken. Kaum einer von ihnen hat ein Dach über sich. Viele der Jungverheirateten können deshalb nie erfahren, was Familienleben eigentlich heißt. Dieses Geld wird dazu gebraucht werden, Materialien zu kaufen. Mit denen werden unsere Armen sich Häuser bauen können. Für diese Arbeit bezahlen wir sie: also keine Almosen, sondern Aufforderung zu Selbsthilfe. Wenn dann die jungen Familien ein Dach über dem Kopf haben, dann werden sie sehen, daß die Familie die Zelle für Frieden in unserer Welt ist ...
(25)

„WIR LIEBEN EINANDER SO SEHR ...“

Eines Tages kamen zwei junge Leute zu uns und gaben mir einen Haufen Geld. Ich fragte sie: „Wie kommt ihr zu so viel Geld?“ Sie sagten: „Vor zwei Tagen haben wir geheiratet. Vor der Heirat haben wir beschlossen, keine Hochzeitskleider zu kaufen und kein Hochzeitsfest zu feiern. Statt dessen geben wir euch das gesparte Geld.“ Für eine Hindu-

Familie ist das ein sehr großes Opfer, denn der Hochzeitstag ist einer der wichtigsten Tage in ihrem Leben. Und wiederum fragte ich: „Warum habt ihr das getan?“ Und sie sagten: „Wir lieben einander so sehr, daß wir unsere Liebe mit jenen Menschen teilen wollten, denen Sie dienen. So erleben wir die Freude der Liebe.“

(22)

AUFMERKSAM SEIN
FÜR DEN ANDEREN

Aufmerksam sein für den anderen
ist die Grundlage großer Heiligkeit
Wenn ihr die Kunst lernt, aufmerksam zu sein,
werdet ihr mehr und mehr Christus ähnlich,
denn er war von Herzen gütig und dachte immer an die anderen.
Jesus zog umher und tat Gutes (vgl. Apg 10,38).
Maria hat bei der Hochzeit zu Kana nichts anderes getan,
als darauf zu achten, was die Leute brauchten,
und es Jesus zu sagen.
Das Einfühlungsvermögen von Jesus, Maria und Josef
in die Not der anderen war so groß,
daß Nazareth zum Haus Gottes wurde.
Wenn wir diesen wachen Blick der Liebe füreinander haben,
dann werden auch unsere Gemeinschaften zur Wohnung Gottes.

(12)

Wenn ihr selbst in eurer Familie ein Herz voll der Liebe Jesu seid, dann könnt ihr auch seine Liebe, seine Barmherzigkeit und seine Gegenwart in eure Familie hineintragen.

ZEIT FÜREINANDER HABEN

Wir haben heute keine Zeit mehr, einander anzuschauen, miteinander zu reden, uns zusammen zu freuen, und haben noch weniger Zeit für das, was unsere Kinder von uns erwarten, was der Mann von seiner Frau, die Frau von ihrem Mann erwartet. Und so verlieren wir immer mehr den Kontakt zueinander. Die Welt geht am Mangel von Liebenswürdigkeit und Freundlichkeit zugrunde. Die Menschen darben nach Liebe, weil alle es so eilig haben.
(11)

UNERWÜNSCHT ...

Wo sind heute unsere alten Leute? Sie sind in Heimen. Wo ist das ungeborene Kind? Wo? Tot. Vorbei. Warum? Weil wir es nicht wünschen. Ich empfinde es als große, große Armut, daß im Westen ein Kind sterben muß, weil wir Angst haben, ein Kind mehr zu ernähren, ein Kind mehr zu erziehen. Das Kind muß sterben, bevor es geboren ist. Ist das nicht eine große Armut? Die Furcht davor, daß man in der Familie noch einen alten Menschen ernähren muß, bewirkt, daß der Mensch abgeschoben wird; und doch müssen wir eines Tages dem Herrn begegnen. Was werden wir ihm antworten, wenn er nach jenem kleinen Kind fragt, nach dem alten Vater und der Mutter, die seine Geschöpfe sind, Kinder Gottes? Wie wird die Antwort lauten? ...
(13)

„SIE WARTEN UND HOFFEN ...!"

Ich vergesse nie, wie ich einmal die Gelegenheit hatte, ein Heim zu besuchen, in das Söhne und Töchter ihre alten Eltern gesteckt und die sie dann wohl vergessen hatten. Ich ging dorthin und sah, daß sie in jenem Heim alles hatten, sehr schöne Dinge, aber jeder schaute zur Tür. Ich sah keinen einzigen mit einem Lächeln im Gesicht. Ich wandte mich an die Schwester und fragte: „Was ist das? Diese Menschen haben alles, warum schauen die denn alle zur Tür, warum lächeln sie nicht? Ich bin so daran gewöhnt, unsere Leute lächeln zu sehen. Sogar die Sterbenden lächeln." Die Schwester antwortete: „So ist es hier fast jeden Tag. Sie warten und hoffen, daß ein Sohn oder eine Tochter kommt, um sie zu besuchen. Es tut ihnen weh, daß sie vergessen sind." Sehen Sie, dort wird unsere Liebe gebraucht! Diese Armut dringt direkt in unsere eigenen Familien ein: Wir versäumen es zu lieben. Es kann vorkommen, daß wir jemanden in unserer eigenen Familie haben, der sich einsam fühlt oder krank oder beunruhigt. Das sind schwere Tage für jeden. Sind wir dann da, sind wir bereit, ihn anzunehmen? Ist die Mutter da, um das Kind anzunehmen?

Ich war überrascht, im Westen so viele Jungen und Mädchen zu sehen, die den Drogen verfallen sind, und ich versuchte herauszufinden, warum das so ist. Die Antwort war: weil es niemanden in der Familie gibt, der für sie da ist. Vater und Mutter sind so beschäftigt, daß sie keine Zeit haben. Junge Eltern arbeiten irgendwo; und das Kind geht auf die Straße und wird in irgend etwas verwickelt.

(25)

LIEBE BEGINNT ZU HAUSE

An Weihnachten kommt Jesus als Kind zu uns, so klein, hilflos, so auf all das angewiesen, was Liebe zu geben vermag. Sind wir bereit, ihn aufzunehmen? Würden Maria und Joseph auf der Suche nach einer Wohnung für Jesus unser Haus wählen und alles, was darin ist?

Auf der ganzen Welt gibt es so viele Probleme, und ich glaube, daß viele von ihnen ihren Ursprung zu Haus haben. Die Welt muß so viel leiden, weil es keinen Frieden gibt. Es gibt keinen Frieden, weil in der Familie kein Friede herrscht und wir Tausende und Abertausende zerbrochener Familien haben. Wir müssen unser Heim zu Stützpunkten des Erbarmens machen, immer wieder verzeihen und so Frieden bringen.

Mach dein Haus, deine Familie zu einem neuen Nazareth, wo Liebe, Friede, Freude und Einigkeit herrschen, denn Liebe beginnt zu Hause. Du mußt für deinen Mann, dein Kind, deine Großeltern, für alle, die mit dir zusammenleben, Grund zur Hoffnung ewigen Glücks werden.

Überlege einmal, ob du die Armen in deinem eigenen Haus kennst. Vielleicht lebt da jemand, der sich sehr einsam und ungeliebt, sehr behindert fühlt. Vielleicht ist dein Mann, deine Frau, dein Kind einsam? Weißt du das? Wo sind heute die alten Menschen? Man steckt sie in Heime. Warum? Weil sie unerwünscht, eine Last sind ...

Ich erinnere mich auch, wie ich einmal eine Frau, von der ich wußte, daß sie sterben mußte, aus einer Mülltonne herausholte. Ich brachte sie ins Kloster. Immer wieder sagte sie: „Mein Sohn hat mir das angetan." Sie sagte nicht einmal: „Ich muß sterben", „ich habe Schmerzen". Sie wiederholte nur immer: „Mein Sohn hat mir das angetan." Es dauerte lange, bis ich ihr helfen konnte zu sagen, bevor sie starb: „Ich verzeih' meinem Sohn."

(11)

UNSERE EINSAMEN NACHBARN

Heute liebt Gott die Welt so sehr, daß er euch und mich hingibt, um diese Welt zu lieben, um ein Teil seiner Liebe und seines Mitleids zu sein. Die Überzeugung, daß ihr und ich zuerst einmal in unserem eigenen Zuhause jene Liebe und jenes Mitleid ausüben dürfen, ist ein so schöner Gedanke. Und dann kommt unser unmittelbarer Nachbar dran.

Aber kennen wir unseren Nachbarn überhaupt? Kennen wir die Armen in unserer eigenen Umgebung? – Es ist so leicht für uns, in einem fort über die Armen anderer Länder zu plaudern, außerhalb unseres Hauses, und doch haben wir die Leidenden, die Vereinsamten, die Alten, die Unerwünschten, die sich elend Fühlenden unmittelbar bei uns selbst, ohne sie zu kennen, weil wir nicht einmal Zeit aufbringen für ein Lächeln für sie. Als Mitarbeiter Jesu müssen wir zuerst einmal lernen. Wir brauchen weder Bomben noch Gewehre, um den Frieden in der Welt zu verwirklichen, wir brauchen nur jene Nächstenliebe und jenes Mitgefühl, um die wir täglich beten. Verständnisvolle Liebe, das wird Freude und Friede bringen.

Nachdem unsere Schwestern hierher gekommen sind, habe ich keine Befürchtungen, daß ihr mir von eurem Überfluß spenden werdet. Ich brauche nicht Geld vom Überfluß, sondern ich wünsche, daß ihr euch direkt am Werk beteiligt, indem ihr anpackt und Verständnis aufbringt. Kommt, wenn wir die Leute da haben, kommt und seht! Heute abend habe ich einige dieser Leute getroffen, die zum Abendessen hierher kommen. Es sind so liebenswerte Menschen! Sie sind uns vom Grund ihres Herzens dankbar. Sie haben nichts. Wir gaben ihnen nichts anderes als ein paar belegte Brötchen und eine Tasse Tee – wirklich nicht viel. Aber sie fühlten, daß sie erwünscht sind, daß es doch ein Plätzchen gibt, wo sie hinkommen dürfen; und sie sahen, daß man sie liebt und daß man sie achtet. In diesem Sinne sehe ich eure Mitarbeit, so müssen wir als Mitarbeiter in die Sache hineinwachsen, so unterscheiden sich unsere Mitarbeiter von andern. Kleine Sachen!

So sollt ihr fühlen und euch freuen. Ihr müßt versuchen, verstehen zu können, was ich euch sage. Ich habe es auch versuchen müssen. Und zuerst müßt ihr es bei euch zu Hause versuchen. Ihr müßt aus eurem Haus, eurer Familie ein anderes Nazaret machen, wo Liebe, Friede, Freude und

Eintracht herrschen. Und dann werdet ihr in der Lage sein, das eurem unmittelbaren Nachbarn weiterzugeben.

Darum erbitte ich mir von euch: Versucht, eure Armen hier zu finden, zuerst in eurem eigenen Heim. Gestattet nicht, daß jemand einsam ist, daß er sich unerwünscht und ungeliebt fühlt, vor allem nicht euer eigener Nachbar. Und wenn es ein Blinder ist, geht zu ihm und lest ihm die Zeitung vor. Besorgt einfach jemand die Kommissionen, die Putzarbeiten. Alles kleine Dinge! Mehr ist nicht nötig.

(25)

„LIEBET EINANDER!"

Jesus hat gesagt: „Liebet einander." Er hat nicht gesagt: „Liebet die Welt" – nein: „Einander", hier und jetzt, meinen Bruder, meinen Nachbarn, meinen Mann, meine Frau, mein Kind, die Alten. Überall auf der Welt arbeiten unsere Mitschwestern, und ich habe viel Not, Elend und Leid gesehen. Wo ist es hergekommen? Es kam von zu wenig Liebe und Gebet. Es gibt kein Zusammenkommen in der Familie, kein Zusammen-Beten, kein Zusammen-Sein. Liebe beginnt zu Hause, und sogar bei uns zu Hause werden wir Arme finden ...

Wir haben in London ein Haus. Unsere Schwestern dort arbeiten nachts. Als sie einmal hinausgingen, um die Leute von der Straße aufzulesen, sahen sie spät in der Nacht einen jungen Mann auf der Straße liegen. Sie sagten zu ihm: „Sie sollten nicht hier liegen, Sie sollten bei Ihren Eltern sein." Darauf antwortete er: „Wenn ich heimgehe, will meine Mutter nichts von mir wissen, weil ich langes Haar habe. Immer, wenn ich heimkomme, jagt sie mich fort." Als sie später zu ihm zurückkamen, hatte er irgendeine Überdosis genommen, und sie mußten ihn in ein Spital bringen. Dabei dachte ich mir, daß es wohl möglich wäre, daß seine Mutter sich in den Dienst der Hungrigen gestellt hat, während ihr eigenes Kind hungerte, nach ihrer Liebe, nach ihrer Fürsorge, und sie gab sie ihm nicht.

Es ist leicht, für Menschen in der Ferne zu beten. Es ist nicht immer leicht, die Menschen in unserer Nähe zu lieben.

Es ist leichter, eine Tasse Reis zu geben, um den Hunger zu mindern als die Einsamkeit und den Schmerz eines Menschen, der ungeliebt in deinem eigenen Haus wohnt.

Verbreite Liebe in deinem Haus, denn es ist der Ort, an dem die Liebe zueinander beginnen muß.

(11)

VON DER FREUDE DES TEILENS

Ihr Werk hat sich über die ganze Welt ausgebreitet, und doch kann man sich Mutter Teresa kaum woanders als in Kalkutta vorstellen. Ihr Leben ist dem der Stadt untrennbar verbunden ... Auf der ganzen Welt ist sie Millionen Menschen als „Mutter Teresa von Kalkutta" bekannt. Das ist fast wie ein Titel. Für die Menschen in Kalkutta ist sie eine der Schutzgöttinnen der Stadt und sicherlich ihr Gewissen. Der Gouverneur von Westbengalen hat mir einmal gesagt, daß er sich, sooft er Mutter Teresa trifft, fragt: „Was habe ich zum Wohle der Menschheit getan?" Wie Tausende anderer Menschen verspürt er Demut in ihrer Gegenwart. Es ist nicht verwunderlich, daß man sie in ihrem Bundesstaat auch die „Mutter von Bengalen" nennt.

NAVIN CHAWLA

„SIE SIND AUCH HUNGRIG!“

Ich habe auch von Ihnen allen hier viel Liebe erfahren. Seit ich hier angekommen bin, wurde ich einfach mit Liebe umgeben, mit echter, verstehender Liebe. Man konnte spüren, daß jeder in Indien, jeder in Afrika etwas Besonderes für Sie ist. Ich sagte heute der Schwester Oberin, daß ich mich wie zu Hause fühle. Ich fühle mich im Konvent der Schwestern wie bei meinen eigenen Schwestern in Kalkutta, durchaus wie zu Hause.

Und nun spreche ich hier mit Ihnen: Ich möchte, daß Sie die Armen hier finden, zuerst in Ihrem eigenen Heim. Fangen Sie dort an. Seien Sie die gute Nachricht für Ihre eigenen Leute. Erkundigen Sie sich nach Ihren Nachbarn. Wissen Sie, wer sie sind?

Ich hatte ein außergewöhnliches Erlebnis mit einer vielköpfigen Hindufamilie. Ein Herr kam in unser Haus und sagte: „Mutter Teresa, da ist eine Familie mit acht Kindern, die schon lange nichts mehr gegessen haben. Tun Sie etwas für sie!“ Ich nahm also ein wenig Reis und ging sofort zu ihnen. Ich sah, wie die Augen der Kinder vor Hunger glänzten. Ich weiß nicht, ob Sie jemals hungrige Menschen gesehen haben. Ich habe das oft gesehen. Die Frau nahm den Reis, teilte ihn und ging hinaus. Als sie zurückkam, fragte ich sie: „Wohin sind Sie gegangen, was haben Sie gemacht?“ Sie gab mir eine sehr einfache Antwort: „Sie sind auch hungrig.“ Was mich am meisten bewegte, war, daß sie es wußte. Und wer waren sie? Eine Moslemfamilie, und sie wußte es. Ich brachte an dem Abend keinen Reis mehr, denn ich wollte, daß sie die Freude des Teilens genießen. Und die Kinder strahlten Freude aus; sie teilten die Freude mit ihrer Mutter, weil diese die Liebe hatte zu geben. Sehen Sie, hier beginnt die Liebe: zu Hause. Ich möchte, daß Sie dies auch tun. Ich bin sehr dankbar für das, was ich erhalten habe. Es war für mich eine außerordentliche Erfahrung. Und wenn ich nun nach Indien zurückkehre, darf ich Ihre Liebe dorthin bringen ...

(25)

Ich weiß wohl, daß Sie nicht von Ihrem Überfluß gegeben haben, sondern bis es weh tat. Heute beschenkten mich zu meiner Überraschung die kleinen Kinder – das bedeutet viel Freude für die hungernden Kinder. Sie wußten, daß Kinder wie sie selbst Liebe, Sorge und Zärtlichkeit brauchen, ebenso wie sie sie in reichem Maße von ihren Eltern empfangen. So laßt uns Gott danken, daß wir einander kennenlernen konnten; dieses Voneinander-Wissen hat uns einander nahe gebracht. Wir werden nicht nur den Kindern in Indien und Afrika helfen können, sondern den Kindern in aller Welt, da unsere Schwestern, wie Sie wissen, in der ganzen Welt arbeiten. Mit diesem Preis, den ich als Friedenspreis erhalten habe, werde ich versuchen, vielen obdachlosen Menschen ein Heim zu schaffen. Denn ich glaube, daß die Liebe zu Hause beginnt, und wenn wir ein Heim für die Armen schaffen, so wird sich die Liebe mehr und mehr ausbreiten. Durch diese verstehende Liebe werden wir Liebe schenken können, werden wir die frohe Botschaft für die Armen sein, zuerst für die Armen in unserer eigenen Familie, dann in unserem Land, dann in der Welt ...

Es ist überall in der Welt so, nicht nur in den armen Ländern, doch fand ich, die Armut des Westens sei viel schwieriger zu bekämpfen.

So beten Sie für unsere Schwestern und für mich und für unsere Brüder und die Mitarbeiter in aller Welt, daß wir dem Geschenk Gottes treu bleiben, nämlich ihn lieben und ihm dienen in den Armen, gemeinsam mit Ihnen. Was wir getan haben, hätten wir nicht tun können, wenn Sie nicht mit Ihrem Gebet, mit Ihren Gaben geholfen hätten, wie Sie es beständig tun. Aber ich möchte nicht, daß Sie mir von Ihrem Überfluß geben, ich möchte, daß Sie mir geben, bis es weh tut.

(25)

WISSEN, WAS ARMSEIN BEDEUTET

Es muß einen Grund geben, warum manche Leute sich ein wohlhabendes Leben leisten können: Sie haben dafür arbeiten müssen. Ich rege mich nur auf, wenn Verschwendung getrieben wird, wenn ich sehe, wie Leute Dinge fortwerfen, die wir gebrauchen könnten.

Die Schwierigkeit ist, daß reiche, in Wohlstand lebende Leute vielfach nicht wissen, was Armsein bedeutet. Deshalb sollten wir ihnen verzeihen, denn nur das Darum-Wissen kann zur Liebe führen und zur Liebe zum Dienen. Weil diese Leute Armut nicht kennen, läßt sie sie kalt.

(13)

DIE LIEBE TEILEN

Vor einiger Zeit hatten wir in Kalkutta große Schwierigkeiten, Zucker zu bekommen. Ich weiß nicht, wie die Kinder davon erfuhren. Aber ein kleiner Junge von vier Jahren, ein Hindujunge, ging heim und sagte zu seinen Eltern: „Ich will drei Tage lang keinen Zucker essen; ich will meinen Zucker Mutter Teresa geben für ihre Kinder." Nach drei Tagen kamen sein Vater und seine Mutter mit ihm in unser Haus. Ich war ihnen nie vorher begegnet. Der Kleine konnte kaum meinen Namen aussprechen, aber er wußte genau, wozu er gekommen war. Er wußte, daß er seine Liebe teilen wollte.

Vor kurzem erhielt ich 15 Dollar von einem Mann, der seit 20 Jahren bettlägerig ist; das einzige, das er bewegen kann,

ist seine rechte Hand. Seine einzige Freude ist das Rauchen. Er schrieb mir: „Ich verzichte eine Woche lang aufs Rauchen und schicke Ihnen dieses Geld." Es muß ein großes Opfer für ihn gewesen sein, aber wie schön war es, wie er teilte. Mit diesem Geld kaufte ich Brot und gab es denen, die hungrig sind. Beide Seiten waren voll Freude: Er gab – und die Armen empfingen. Dies ist etwas, was Sie und ich tun können. Es ist ein Geschenk Gottes an uns, daß wir unsere Liebe mit anderen teilen können.
(25)

Vor einigen Wochen bekam ich einen Brief von einem Mädchen aus den Vereinigten Staaten. Sie ging zur ersten heiligen Kommunion und bat ihre Eltern: „Kauft keine besonderen Kleider für meine Erstkommunion. Ich werde in meiner Schuluniform zur Erstkommunion gehen. Macht kein Fest für mich. Gebt mir lieber das Geld; ich möchte es Mutter Teresa schicken." Dieses Mädchen war erst sieben oder acht Jahre alt, doch liebte es von Herzen, bis es weh tat.
(12)

MUT, DIE ERNIEDRIGUNG ANZUNEHMEN

Die Menschen verbergen ihre Not oft, vor allem, wenn sie einmal bessere Zeiten gekannt haben. Wie ein Mann, der einmal hierherkam. Es war ihm früher besser gegangen. Er hatte einen Abstieg im Leben gemacht. Eines Tages kam er zu uns. Er sagte: „Mutter Teresa. Ich kann das Zeug nicht essen, was dort ausgeteilt wird." Darauf sagte ich zu ihm: „Ich esse das jeden Tag." Er sah mich an und fragte: „Sie essen das?" und ich antwortete: „Ja." Daraufhin meinte er: „Dann werde ich es auch essen." Daß ich dasselbe aß, gab ihm den Mut, die Erniedrigung anzunehmen. Wenn ich das nicht hätte sagen können, wäre in seinem Innern vielleicht Härte und Verbitterung zurückgeblieben und er hätte nichts annehmen können. Aber sobald er wußte, daß ich an seiner Seite war, fand er den Mut ...

(3)

„ICH HOFFE AUF DIE BEKEHRUNG DER HERZEN“

Ich hoffe auf die Bekehrung der Herzen. Nicht einmal Gott, der Allmächtige, kann jemand bekehren, der nicht will. Wir alle versuchen, mit unserem Dienst am Menschen Gott näherzukommen. Wenn wir Gott in unser Leben aufnehmen, indem wir ihm von Angesicht zu Angesicht gegenübertreten, dann bekehren wir uns. Wir werden ein besserer Hindu, ein besserer Moslem, ein besserer Katholik, besser, was auch immer wir sein mögen, und indem wir besser werden, kommen wir ihm immer näher. Wenn wir ihn voll in unser Leben aufnehmen, dann ist das Bekehrung. Auf welche Weise ich den Zugang zu Gott suche? Nun, ich versuche es natürlich als Katholikin, Sie vielleicht als Hindu, jemand anderer als Buddhist, jeder nach dem eigenen Gewissen. Was Gott in Ihrem Herzen ist, das müssen Sie annehmen. Aber ich kann es nicht verhindern, daß ich versuche, Ihnen zu geben, was ich habe.

Ich scheue mich nicht, zu sagen, daß ich Jesus liebe, denn er ist mir alles. Sie aber haben vielleicht ein anderes Bild in Ihrem Leben. Und so muß Bekehrung verstanden werden – die Leute glauben, Bekehrung sei einfach ein Wandel über Nacht. So ist es nicht. Niemand, nicht einmal Ihr Vater oder Ihre Mutter, kann Sie dazu bringen. Nicht einmal der allmächtige Gott kann jemand zwingen. Sogar Jesus, obwohl er Gott selbst war, konnte die Herzen der Menschen nicht bekehren, wenn sie es ihm nicht erlaubten.

Ich möchte, daß möglichst viele Menschen Gott kennen, ihn lieben, ihm dienen lernen, denn das ist wahres Glück. Und was ich habe, das, möchte ich, soll alle Welt haben.

Aber es liegt an den Menschen. Wenn sie das Licht sehen, können sie ihm folgen. Ich kann ihnen das Licht nicht geben, ich kann nur den Weg zeigen. Wenn ich nach Kalighat komme und dort arbeite und den Leuten wirklich mit Liebe und Aufopferung diene, dann werden sie natürlich anfangen, an Gott zu denken. Wenn sie einmal denken, werden sie zur Erkenntnis kommen; und wenn sie erkennen, werden sie lieben wollen; und wenn sie lieben, werden sie dienen wollen.

Es gibt viele indische Frauen, die unsere Lebensweise teilen möchten, das Leben der Armut, des Gebets, des Opfers und des Dienstes. Sie möchten das Leben einer Missionarin der Nächstenliebe führen. Aber sie wollen ihren Glauben behalten, ihren eigenen Glauben an Gott. Nun weiß ich nicht, wie das gehen soll. Sehen Sie, sie möchten die Gelübde ablegen, sie wollen das Gebet, sie wollen völlige Hingabe. Ich versuche, einen Weg zu finden.

Wir sind keine Sozialarbeiter, auch wenn wir Sozialarbeit leisten.

(5)

DIE ARMEN – DAS GESCHENK GOTTES

Die Armen sind das Geschenk Gottes; sie verkörpern unsere Liebe. Christus wird uns nicht fragen, wieviel wir geleistet haben, sondern mit wieviel Liebe wir unsere Taten vollbracht haben. Es gibt viele geistig arme Menschen. Die geistige Armut, die man in Europa, in Amerika findet, ist eine schwer zu tragende Last. Es ist sehr schwierig, das Zeugnis von Gottes Liebe in diese Länder zu tragen …

Unser geistliches Leben ist ein von Gott abhängiges Leben, und seine Frucht ist die Arbeit für die Armen. Wir versuchen, diese Arbeit zu „beten", indem wir sie für Jesus, in Jesus und auf Jesus hin erfüllen …

Die Armen sind „die Hoffnung". Durch ihren Mut verkörpern sie wirklich die Hoffnung der Welt …

Sie haben uns eine andere Art gelehrt, Gott zu lieben: Sie haben uns angespornt, das Äußerste zu tun, um sie aufzurichten.

(14)

Behandeln wir die Armen nicht manchmal wie einen Mülleimer, in den wir all das werfen, was wir nicht essen oder brauchen? „Ich kann das nicht essen; das bekommen die Armen. Ich kann dieses Kleid nicht brauchen, also kann ich es den Armen geben." Teile ich die Armut mit den Armen, wenn ich so handle? *Identifiziere* ich mich mit den Armen, denen ich diene? Bin ich eins mit ihnen? Teile ich mit ihnen, wie Jesus mit mir geteilt hat?

(12)

AUS LIEBE SCHWEIGEN

Wir haben in Melbourne ein Heim für obdachlose Alkoholiker. Eines Tages wurde einer der Heimbewohner ausfällig und bedrohte einen anderen. Ich dachte, daß dies ein Fall für die Polizei wäre und benachrichtigte sie. Der herbeigeeilte Polizist fragte den Leidtragenden: „Wer hat Ihnen etwas getan?" Der Mann drückte sich mit allerlei Lügen um die Wahrheit herum und nannte einfach nicht den Namen. Der Polizist mußte schließlich unverrichteter Dinge wieder gehen. Danach fragten wir den Mann: „Warum haben Sie der Polizei nicht gesagt, wer Sie belästigte?" Er blickte mich an und sagte: „Daß er leiden muß, kann mir nicht helfen." Er verheimlichte den Namen seines Bruders, um ihm Leiden zu ersparen. Wie großartig ist die Liebe unserer Menschen. Es ist ein ständiges Wunder der Liebe, die sich unter unseren Armen ausbreitet.

(13)

„GOTT LIEBT MICH!"

Vor einigen Monaten hoben wir in den Straßen von Melbourne einen Mann auf, der verprügelt worden war. Er war seit Jahren Alkoholiker, so nahmen ihn die Schwestern in ihr Fürsorgeheim auf. Die Art, wie sie ihn betreuten und sich seiner annahmen, ließ ihn plötzlich erkennen: „Gott liebt mich!" Er verließ das Heim und trank keinen Schluck Alkohol mehr. Er ging sogar zu seiner Familie zurück, zu seinen Kindern, in seinen früheren Beruf. Als dieser Mann seinen ersten Lohn erhalten hatte, kam er zu den Schwestern und gab ihnen das Geld mit der Bemerkung: „Ich möchte, daß Sie auch für andere die Liebe Gottes sind, so wie Sie es für mich waren."

(13)

EINE STADT DES FRIEDENS

Wir versuchen, eine Stadt des Friedens auf dem Land zu bauen, das die Regierung uns vor einigen Jahren gegeben hat, 34 Morgen Land. Der Ort heißt Shanti Nagar.

Wir bauen dort ein Rehabilitationszentrum, so daß die Aussätzigen, die geheilt sind, für normale Arbeit ausgebildet werden können und fähig werden, kleine Heimwerkstätten zu haben und das Leben eines normalen Bürgers zu führen, wenn sie in ihre Heimatorte zurückkehren.

Dann brauchen sie nicht mehr herumzulaufen und zu betteln.

(10)

PATERNALISMUS – DAS IST GOTT

Es geht darum, den Armen zu helfen, indem wir die Liebe Gottes weitergeben und so ihre Aufmerksamkeit erregen. Oft werden wir kritisiert, weil wir kein finanzielles Entgelt für unsere Arbeit entgegennehmen. Wir werden des Paternalismus angeklagt. Aber Paternalismus: das ist Gott, der freigebig die Menschen mit seinen Reichtümern überhäuft. Wir sind nur die Werkzeuge dazu …

Gott genügt uns. Nebenbei, der Ärmste der Armen ist ein freier Mensch; er ist glücklich und ohne die Aggressivität jener, die sich nach vielen Dingen sehnen. Der Arme ist rein und aufrecht. Die Leute, die in diesen Armen Aggressivität, Gewalt, Feindschaft zu fördern versuchen und sie auch gegen die Regierung aufwiegeln, wissen nicht, wieviel Schaden sie damit anrichten, indem sie diesen Armen ihren inneren Reichtum und ihren Frieden rauben. Jene Leute, die diese Armen gebrauchen, um eine Revolution zu machen, richten großen Schaden an. Das Problem der Armut vernunftmäßig zu erkennen, heißt noch nicht, daß man es auch versteht. Weder das Suchen nach den Hintergründen der Armut in Büchern, noch ein Gang durch die Slums, noch Bewundern oder Bemitleiden hilft uns, die Armut zu verstehen und ihre guten und bösen Seiten zu erkennen. Wir müssen in sie hineintauchen, sie leben und mit den andern teilen.

(25)

ZEUGEN DER LIEBE GOTTES

Ich denke nie über die Ergebnisse nach. Ich habe keine Zeit, konkrete Ergebnisse auszuwerten. Aber ich bin absolut sicher, daß wir auf dem besten Weg sind, und daß wir Gottes Willen erfüllen. Das Bemerkenswerte an dieser Arbeit ist, daß durch die göttliche Vorsehung die Aufmerksamkeit der ganzen Welt auf die Existenz der Ärmsten gelenkt wird. Obwohl wir ein unbedeutendes Werkzeug sind, bin ich sicher, daß Gott durch uns zur Welt spricht …

Ich betone noch einmal: Der Zweck unseres Ordens ist es, Gott und seine Liebe in die Häuser der Ärmsten der Armen zu tragen – ungeachtet ihrer ethnischen Abstammung und ihres Glaubens. Nicht der Glaube, sondern die Not veranlaßt uns zur Hilfe. Wir versuchen nie, die Leute, die unsere Hilfe erhalten, zum Christentum zu bekehren. Mit unserer Arbeit jedoch sind wir Zeugen der Liebe Gottes. Und wenn Katholiken, Protestanten, Buddhisten oder Ungläubige aus diesem Grund bessere Menschen werden, sind wir zufrieden. So in Liebe aufgewachsen, werden sie Gott näher sein und können ihn in seiner ganzen Güte finden.

(25)

Herr, öffne unsere Augen, damit wir dich in unseren Brüdern und Schwestern erkennen.

Herr, öffne unsere Ohren, damit wir das Rufen der Hungrigen, der Frierenden, der Verängstigten und Unterdrückten hören.

Herr, öffne unsere Herzen, damit wir einander so lieben, wie du uns liebst.

Erneuere in uns deinen Geist, Herr, mach uns frei und eins.

(13)

Das einzige, was die Armut beseitigen kann, ist das Miteinanderteilen.

DIESE SCHRECKLICHE KRANKHEIT, UNERWÜNSCHT ZU SEIN

Die demütige Mutter Teresa, in der wir Tausende und Abertausende von Menschen erblicken, die sich ganz dem persönlichen Dienst an den Ärmsten weihen, wird zum Beispiel und Symbol der Entdeckung, in der das Geheimnis des Weltfriedens liegt, den wir alle suchen. Es ist die immer zeitgemäße Entdeckung, daß der Mensch unser Bruder ist.

PAPST PAUL VI.

„DAMIT SIE LIEBE ERFAHREN ...“

1952 eröffneten wir das erste Heim für Sterbende ... Ja, die erste Frau, die ich sah, habe ich selbst von der Straße aufgelesen. Sie war bereits von Ratten und Ameisen angenagt. Ich brachte sie ins Hospital, aber man konnte nichts für sie tun. Man nahm sie nur auf, weil ich mich weigerte fortzugehen, bis man sie aufgenommen hatte. Von dort ging ich zur Stadtverwaltung und bat sie, mir einen Platz zu geben, wohin ich solche Leute bringen konnte, denn am selben Tag hatte ich andre Sterbende auf der Straße gefunden. Der Gesundheitsbeamte der Stadtverwaltung nahm mich mit zum Tempel, dem Kalitempel, und zeigte mir den Dormashalah, wo die Menschen zu ruhen pflegten, nachdem sie die Göttin Kali verehrt hatten. Es war ein leeres Gebäude; er fragte mich, ob ich es haben wollte. Ich war aus vielen Gründen sehr glücklich, diesen Platz bekommen zu haben, aber besonders, weil ich wußte, daß er ein Mittelpunkt der Anbetung und Hingabe der Hindus war. Innerhalb vierundzwanzig Stunden hatten wir unsre Patienten dort, und wir begannen die Arbeit des Heims für die Kranken und Sterbenden, die Ausgestoßene sind. Seit damals [bis 1971] haben wir über 23000 Menschen von den Straßen Kalkuttas aufgelesen, von denen ungefähr 50 % gestorben sind ...

Zuallererst möchten wir ihnen das Gefühl geben, daß sie erwünscht sind; wir möchten sie wissen lassen, daß es Menschen gibt, die sie wirklich lieben, die sie wirklich haben wollen, wenigstens für die paar Stunden, die sie zu leben haben, damit sie menschliche und göttliche Liebe kennenlernen. Daß sie auch erfahren, daß sie Kinder Gottes sind und daß sie nicht vergessen sind und daß sie geliebt werden und daß man für sie sorgt und daß es junge Menschenleben gibt, die sich selbst im Dienst für sie hingeben. (10)

DIE SCHATZKAMMER KALKUTTAS

Wir helfen den Armen, mit Gott zu sterben. Wir helfen ihnen, Gott um Vergebung zu bitten. Das ist eine Sache zwischen ihnen und Gott allein. Und sonst niemand. Keiner hat das Recht, hier dazwischenzutreten. Wir helfen ihnen nur, ihren Frieden mit Gott zu machen, weil das die größte Notwendigkeit ist: in Frieden mit Gott zu sterben. Wir leben, damit sie sterben können, damit sie heimgehen können, wie es für sie geschrieben steht, seien sie nun Hindus, Moslems, Buddhisten, Christen oder welchen Glaubens auch immer. Es gibt Gesellschaften, die ihre eigenen Toten sammeln; wir haben nie irgendwelche Schwierigkeiten gehabt.

In Nirmal Hriday ist niemand verzweifelt, verlassen, unversorgt oder ungeliebt gestorben. Darum glaube ich, daß es die Schatzkammer Kalkuttas ist. Wir versuchen, ihnen zu geben, wonach ihr Glaube verlangt. Einige bitten um Wasser aus dem Ganges, einige um Weihwasser, um ein Wort oder um ein Gebet. Wir versuchen, ihnen zu geben, was immer sie wünschen. Einige bitten bloß um einen Apfel, um ein Stück Brot oder um eine Zigarette. Andere wollen nur, daß jemand bei ihnen sitzt.

Zu Anfang wurden wir überhaupt nicht akzeptiert; wir hatten große Schwierigkeiten. Eine Zeitlang zogen junge Leute drohend und demolierend herum, und unsere Armen bekamen immer mehr Angst. Eines Tages sagte ich: „Wenn ihr mich töten wollt, dann tut es, ich werde unmittelbar in den Himmel gehen. Aber ihr müßt mit diesem Unsinn aufhören. So könnt ihr nicht weitermachen." Danach war es zu Ende. Es war in Ordnung.

Wir hatten einen Priester aus dem Tempel, der bei uns einen versöhnlichen Tod fand. Die andern konnten es nicht begreifen, weil er so verbittert gewesen war, als er kam, ganz verbittert, und er war so jung, erst vierundzwanzig oder fünfundzwanzig. Er war, glaube ich, der Oberpriester. Kein Hospital wollte ihn aufnehmen. Er wurde überall abgewiesen. Darum war er so verbittert. Er wollte nicht sterben, als er kam, aber er wandelte sich. Er fand Ruhe und Frieden. Er war nur zwei Wochen bei uns, und Leute aus dem Tempel kamen ihn täglich besuchen. Sie konnten die Veränderung, die in ihm vorging, nicht verstehen. Ich glaube, er lernte in der Umgebung von Menschen, die gleich ihm litten, sein Schicksal anzunehmen. Die Leute selbst sind einander eine große Hilfe. Ich frage mich oft, was mit der Welt geschehen würde, wenn unschuldige Menschen nicht soviel leiden müßten. Sie sind es, die die ganze Zeit Fürsprache einlegen. Ihre Unschuld findet Gefallen bei Gott. Indem sie ihr Leiden annehmen, leisten sie Fürbitte für uns.

(5)

„DANKE“

Eines Abends gingen wir hinaus und lasen vier Menschen von der Straße auf, darunter eine Frau in einem schrecklichen Zustand. Ich sagte den Schwestern: „Sorgt ihr für die drei anderen, ich sorge für die, die am schlimmsten aussieht.“ Ich tat alles für sie, was meine Liebe tun konnte. Ich brachte sie zu Bett, und auf ihrem Gesicht war ein wundervolles Lächeln. Sie ergriff meine Hand und sagte nur ein Wort: „Danke“, dann starb sie.

Ich mußte in ihrer Gegenwart mein Gewissen prüfen und fragte mich: Was würde ich sagen, wenn ich an ihrer Stelle wäre? Meine Antwort war sehr einfach. Ich hätte versucht, ein wenig Aufmerksamkeit auf mich zu ziehen, ich hätte gesagt: „Ich bin hungrig; ich sterbe; mir ist kalt; ich habe Schmerzen“ oder irgend etwas. Aber sie gab mir viel mehr, sie schenkte mir ihre dankbare Liebe. Sie starb mit einem Lächeln auf dem Gesicht. – Genauso war es mit dem Mann, den wir aus dem Abflußrohr herausholten, halb von Würmern zerfressen. Wir brachten ihn ins Heim für Sterbende, wo er sagte: „Ich habe wie ein Tier auf der Straße gelebt, aber ich werde wie ein Engel sterben, geliebt und umsorgt." Es war so wunderbar, die Größe jenes Mannes zu sehen, der so sprechen konnte, ohne jemandem einen Vorwurf zu machen oder zu verfluchen, ohne Vergleiche anzustellen. Wie ein Engel – dies ist die Größe unserer Leute.

(25)

TOD IST HEIMGANG

Tod ist Heimgang, aber die Leute fürchten sich vor dem Kommenden, so daß sie nicht sterben wollen. Wenn wir es aber wollen, wenn es keinen Zweifel mehr gibt, werden wir uns nicht fürchten.

Es ist auch eine Frage des Gewissens: „Ich hätte es besser machen können." Viele sterben, wie sie gelebt haben. Der Tod ist nichts anderes als eine Fortsetzung des Lebens, seine Vollendung ... Dieses Leben ist nicht das Ende: wer glaubt, es sei das Ende, fürchtet den Tod. Wenn man die Menschen überzeugen könnte, daß der Tod nichts anderes ist als der Heimgang zu Gott, gäbe es keine Furcht mehr.

(13)

UNERWÜNSCHT – UNGELIEBT

Wer sind nun die Ärmsten der Armen? Die Unerwünschten, die Ungeliebten, diejenigen, für die niemand sorgt: die Hungrigen, die Nackten, die Heimatlosen, die Leprakranken und Alkoholiker – und jede Missionarin der Nächstenliebe ...

Unsere Schwestern arbeiten in vielen Ländern in der ganzen Welt. Sie arbeiten mit denen, die sich eingeschlossen haben. Eines Tages fanden wir einen Mann, der von allen verlassen war, in einem Zimmer, in dem er sich eingeschlossen hatte. Die Schwestern gingen hinein, badeten ihn, reinigten sein Zimmer, machten seine Wäsche zurecht. Er sprach kein Wort mit ihnen. Nach zwei Tagen sagte er den Schwestern: „Ihr habt Gott in mein Leben gebracht. Nun ruft den Priester." Die Schwestern holten den Priester. Der Mann beichtete nach 60 Jahren. Am andern Morgen starb er.

(23)

... In den zwanzig Jahren meiner Arbeit unter den Menschen ist es mir immer klarer geworden, daß die schwerste Krankheit, dic ein menschliches Wesen überhaupt erfahren kann, die ist, unerwünscht zu sein. Wir haben heute Arzneien für Lepra, und Aussätzige können geheilt werden. Es gibt Arzneien gegen TB, und Schwindsüchtige können geheilt werden. Für alle Arten von Krankheiten gibt es Arzneien und Heilmittel. Aber diese schreckliche Krankheit, unerwünscht zu sein, kann, glaube ich, nie geheilt werden, außer durch willige Hände, die dienen, und ein liebendes Herz, das liebt.

(10)

AUSSÄTZIGENARBEIT

1957 fingen wir mit fünf Aussätzigen an, die in unser Heim kamen, weil man sie aus ihren Arbeitsplätzen hinausgeworfen hatte. Sie konnten keine Unterkunft finden, sie mußten betteln gehen. Mit ihnen kam bald ein Arzt, um uns zu helfen, und er ist immer noch bei uns, Dr. Senn. Er bildet auch unsre Schwestern für die Arbeit mit den Aussätzigen aus, denn er ist Spezialist für Lepra. Unter den Aussätzigen gibt es viele Gebildete, viele reiche und fähige Leute. Aber wegen der Krankheit haben ihre Verwandten sie aus der Gesellschaft ausgestoßen, aus ihren Häusern, und sehr oft wollen sogar ihre eigenen Kinder sie nicht mehr sehen. Sie werden von ihren eigenen Familien isoliert und haben keine andre Möglichkeit, als betteln zu gehen. Sehr oft sieht man Leute aus dem Süden nach Bengalen kommen, und die Bengalen gehen in den fernsten Norden, nur um sich von den Menschen zu entfernen und von den Orten, wo man sie gekannt, bedient und geliebt hat. Wir haben hier in Kalkutta unter unsern Aussätzigen sehr tüchtige Leute, die hohe Stellungen im Leben eingenommen haben. Aber wegen der Krankheit leben sie nun in den Slums, unbekannt, ungeliebt und unversorgt. Dank Gott sind unsre Schwestern da, um sie zu lieben und ihre Freunde zu sein und um die Reichen ihnen näher zu bringen ...

Die meisten unsrer Schwestern sind besonders für die Aussätzigenarbeit ausgebildet. Und mit den neuen Mitteln, die wir aus den Staaten und aus England bekommen, können wir die Krankheit aufhalten, wenn die Leute rechtzeitig kommen. Daher sind wir, obwohl wir in Kalkutta so viele haben – wir haben fast zehntausend Leute, für die wir sorgen –, doch sehr glücklich, weil das ein Zeichen ist, daß die Aussätzigen anfangen, etwas über diese Krankheit zu erfahren und geheilt zu werden wünschen. Wenn sie sofort kommen, sobald sie entdeckt haben, daß sie einen Lepraflecken auf ihrem Körper haben, haben sie alle Aussicht, in zwei Jahren vollständig geheilt zu werden.

(10)

„LEPRA IST KEINE STRAFE“

Lepra ist keine Strafe, sie kann ein sehr schönes Gottesgeschenk sein, wenn wir damit gut umgehen. Durch sie können wir lernen, die Ungeliebten, Unerwünschten zu lieben, ihnen nicht nur Gegenstände zu geben, sondern ihnen das Gefühl zu vermitteln, daß auch sie nützlich sind, daß auch sie etwas tun können, weil sie sich geliebt und angenommen fühlen, daß auch sie das Glück der Liebe teilen können.

Wir kümmern uns um Tausende von Lepra-Patienten. In Indien, Afrika und dem Mittleren Osten sind es insgesamt 158000. An Weihnachten veranstalten wir immer ein besonderes Essen für sie. Ich weiß noch, wie einmal bei einer solchen Gelegenheit ein sehr stark behinderter Mann neben mir saß. Als ich sagte, daß Lepra keine Strafe ist, begann er, an meinem Sari zu ziehen, und meinte: „Sagen Sie das noch mal, sagen Sie das noch mal.“ Er war gerührt, weil er spürte, ‚Ich werde geliebt, ich werde angenommen.‘ Das ist es, was unsere leprakranken Brüder und Schwestern von uns brauchen. Sicherlich müssen wir ihnen auch Medikamente geben, all das muß getan werden, das ist ja selbstverständlich. Aber die wunderbarste Sache ist es, ihnen das Gefühl zu geben, daß sie geliebt und angenommen werden.

Die Regierungen waren mir gegenüber überall sehr großzügig, im Mittleren Osten, in Afrika und in Indien. Besonders in Indien hat man mir viel Land für die Rehabilitation zur Verfügung gestellt. Hier in Delhi haben wir ein schönes Heim in Seemapuri, wo wir die ganz schlimmen Fälle von der Straße hinbringen. Heute sieht man nicht mehr so viele Leprankranke auf den Straßen von Delhi wie früher. Wir versuchen, ganze Familien zu erfassen. Manchmal kaufen wir Baumaterialien, damit sie sich ihre eigenen Häuser bauen können. Sie haben eigene Läden, eigene kleine Schulen und ihr Land. So bekommen sie ein gewisses Selbstwertgefühl.

Ich halte es für besonders heilsam, wenn man ihnen das Gefühl gibt, daß auch sie Auserwählte sind. Und ich muß sagen, daß uns viele Menschen ihre Dienste anbieten. Ärzte operieren die behinderten Menschen. Wie Sie wissen, sind Kinder, die in Leprafamilien geboren werden, zunächst nicht infiziert. Deswegen haben wir in jedem Rehabilitationszentrum auch ein Kinderheim. Und sobald ein Kind geboren wird, nehmen wir es an uns, bevor die Mutter es küssen kann. Die Eltern können zu Besuch kommen, aber sie dürfen das Kind nicht küssen, bis es selbst stehen kann. Viele Kinder [unserer Leprapatienten] sind jetzt erwachsen, einige studieren, andere arbeiten, sie sind verheiratet und führen ein geregeltes Leben, ohne jedes Zeichen der Krankheit. Eine neue Kraft ist in ihr Leben gekommen. Sie wissen: „Ich kann gesund bleiben." Gott sei Dank dürfen sie wieder an ihre alten Arbeitsplätze zurück, wenn wir beweisen können, daß sie nicht mehr ansteckend sind.

In Titagarh bei Kalkutta weben sie unsere Saris [die von den Missionarinnen der Nächstenliebe getragen werden], sie produzieren unsere Bettlaken und ähnliche Dinge, die wir in unseren Heimen brauchen. Ihr Leben hat eine neue Kraft erhalten, weil auch sie nützlich sind, weil sie jetzt etwas tun können, weil sie sich geliebt und angenommen fühlen und das Glück der Liebe teilen können.

Gott ist sehr gut zu uns, wenn er uns diese schönen Gelegenheiten gibt. Es ist wunderbar, die Familien zusammen zu sehen, wie sie zusammenleben, sie zusammenzuführen, ihnen die Lebensfreude wiederzugeben.

Wir müssen unsere Angst ablegen. Ich möchte, daß Sie alle etwas Schönes tun. Wir haben eine mobile Versorgungsstation in Delhi. Bringen Sie die Lepra-Patienten in Kontakt mit den Schwestern, damit sie sofort behandelt werden können. Das ist das beste, was Sie tun können, die Leprakranken mit den Menschen oder Organisationen oder unseren Schwestern in Kontakt zu bringen, die für sie arbeiten. Und falls jemand von Ihnen unser Heim in Seemapuri besichtigen will, so sind Sie herzlich eingeladen.

Machen wir den Lepra-Patienten Mut, rechtzeitig Hilfe und Behandlung zu suchen. Wenn ein Patient zu uns kommt, tun wir nichts, bevor er nicht seine ganze Familie mitbringt. Wir untersuchen dann alle und entscheiden, wer behandelt werden muß und so weiter. Das ist eine schöne

Art, unsere Liebe zu zeigen. Laßt uns nicht vergessen, daß Er will, daß wir uns gegenseitig lieben, so wie Er uns liebt. Und wenn wir sterben und zu Gott heimgehen, wird es wieder dasselbe sein: „Ich war hungrig, und ihr habt mir zu essen gegeben. Ich war nackt, und ihr habt mich gekleidet. Ich war fremd und obdachlos, und ihr habt mich aufgenommen. Das alles habt ihr mir getan."

Und wo beginnt diese Liebe? In unserem eigenen Heim, in unserer eigenen Familie, bei unseren eigenen Nachbarn in Not, in unserer eigenen Stadt, in unserem eigenen Land. Darum laßt uns gemeinsam beten. Wir müssen das Gebet zurückholen. Wir sind Hindufamilien, wir sind vereinte Familien, wir sind betende Familien. Es ist wichtig, daß Familien zusammenhalten und zusammen beten.

Im Westen gibt es eine Einsamkeit, die ich die Lepra des Westens nenne. Sie ist in vielerlei Hinsicht schlimmer als unsere Armut in Kalkutta. Die Armen in Kalkutta teilen. Ich kenne eine sechsköpfige Familie, die am Verhungern war, als unsere Schwestern sie fanden. Sie gaben der Frau etwas Reis. Als erstes teilte sie den Reis in zwei Teile und gab die eine Hälfte einer anderen Familie, die ebenfalls hungerte. Ihre Freigebigkeit hat mich nicht überrascht. Es hat mich überrascht, daß sie von den anderen *wußte*.

Im Yemen, der ein moslemisches Land ist, habe ich einen reichen Menschen gebeten, eine Moschee zu errichten. Die Menschen brauchten einen Ort zum Beten. Ich sagte zu ihm: „Es sind alles Ihre moslemischen Brüder und Schwestern. Sie brauchen einen Ort der Begegnung mit Gott."

Wenn Sie die Angst beseitigen können, haben Sie schon viel erreicht. Das ist eine große Sache. Ich denke, daß dieses Buch vielen Menschen Sicherheit geben und die Angst beseitigen wird, die wir all die Jahre gehabt haben. So können wir allen das Gefühl geben, daß Gott ihnen etwas Gutes getan hat, daß sie wie ganz normale Menschen sein können, normale Arbeit tun und ein normales Leben führen können.

Laßt uns nun Gott danken, daß er uns die Möglichkeit gegeben hat, zusammenzusein, zusammen für unsere armen Brüder und Schwestern zu beten. Dankt Gott, daß ihr und eure Familien gesund seid und das Leben genießen könnt, und betet zu Gott für unsere Lepra-Patienten.

(3)

APOSTEL DER UNERWÜNSCHTEN

Die größte Krankheit heute ist nicht die Lepra oder die Tuberkulose, sondern vielmehr das Gefühl, unerwünscht zu sein, ohne Fürsorge und verlassen von allen. Das größte Übel ist der Mangel an Liebe und Nächstenliebe, die schreckliche Gleichgültigkeit gegenüber dem Nachbarn, der am Wegrand lebt, von Ausbeutung, Verderbnis, Armut und Krankheit heimgesucht.

Da jede unserer Schwestern eine Mitarbeiterin Christi in den Slums werden soll, muß sie verstehen, was Gott und die Gesellschaft von ihr erwarten. Christus möge sein Leben in sie ausstrahlen und in ihr und durch sie in den Slums wirken. Mögen die Armen sehen, wie Christus sie zu sich zieht und sie ihn einlädt, in ihre Häuser und ihre Leben einzukehren. Mögen die Kranken und Leidenden in ihr einen wahren Engel der Hilfe und des Trostes finden, mögen die Kleinen von den Straßen sich an sie klammern, weil sie sie an ihn erinnert, den Freund der Kleinen. Unser Leben der Armut ist so notwendig wie unser Werk.

Erst im Himmel werden wir sehen, wieviel wir den Armen schulden dafür, daß sie uns helfen, Gott um ihretwillen mehr zu lieben.

(10)

AUSGESTOSSEN

Hungernd nicht nur nach Brot, sondern auch danach, für jemanden dazusein; nackt nicht nur aus Mangel an Kleidern, sondern auch aus mangelndem Mitleid, weil sehr wenige Menschen es Unbekannten zuteil werden lassen; obdachlos nicht nur aus Mangel an einem aus Stein erbauten Heim, sondern auch mangels eines Freundes, von dem man sagen könnte, daß er zu einem steht.

Unsere kleinen Kinder gehören dieser Gruppe der Ausgestoßenen und der Ungeliebten an. Heute schlagen sich so viele Menschen nicht nur mit dem Problem herum, daß die Welt übervölkert wird; wir hören immer öfter, daß man zu beweisen versucht, die Vorsehung könne sich nicht so vieler ungeborener Kinder annehmen.

In meinen Augen sind die reichen Länder, in denen kein Mangel herrscht, die ärmsten der armen, wenn die Abtreibung legalisiert wird. Ich möchte in diesen Ländern viele Heime für Kinder eröffnen. Wir haben diese kleinen Heime in ganz Indien und haben bis jetzt keinem einzigen Kind die Aufnahme verweigern müssen. Und das Wunderbarste daran ist, daß Gott zugelassen hat, daß jedes Kind, das seine eigenen Eltern töten wollten, ein Heim bei neuen Eltern gefunden hat ...

Für uns in Indien ist das etwas Wunderbares, weil diese Kinder von Gesetz wegen Unberührbare sind ...

Wir sind aufgefordert worden, nach Bangladesh zu kommen und uns um die Mädchen zu kümmern, die von den Soldaten vergewaltigt worden sind. Die Schande hat sie zur Verzweiflung gebracht, mehrere haben Selbstmord verübt, andere sind verrückt geworden. Wir haben für sie ein Heim für Kinder eröffnen und große Schwierigkeiten aus dem Weg räumen müssen; denn es ist gegen islamitisches und hinduistisches Gesetz, diese Mädchen, denen man Gewalt angetan hatte, wieder in die Gesellschaft aufzunehmen.

Aber als Mujibur Rahman gesagt hatte, daß diese Mädchen Heldinnen ihres Landes sind, daß sie ihre Keuschheit verteidigt und für ihr Vaterland gekämpft hätten, sind ihre eigenen Eltern gekommen, um sie heimzuholen. Es haben sich sogar junge Männer gefunden, die sich bereit erklärt haben, sie zu heiraten.

Dann hat man einige Personen eingeladen, Abtreibungen vornehmen zu lassen. Das war ein furchtbarer Kampf: Ich habe ihnen gesagt, daß diese Mädchen vergewaltigt, gezwungen worden seien, aber sie nicht die Absicht hatten, eine Sünde zu begehen; das aber, was man sie jetzt tun lassen wolle oder ihnen helfen wolle, es zu tun, komme einem Mord gleich. Ihr Leben lang würden sie nicht vergessen, daß sie als Mütter ihre Kinder getötet hätten.

Die Regierung hat unsere Ansicht akzeptiert und hat angekündigt, daß jedes Kind, dessen Mutter sich für die Abtreibung ausgesprochen habe, in unser Heim gebracht werden solle. Von den vierzig Kindern, die man uns gebracht hat, sind über dreißig von bewundernswerten Familien adoptiert worden. So versuchen wir, gegen Abtreibung anzukämpfen. Unsere Schwestern arbeiten in den Elendsquartieren, da haben wir immer mehr junge sterbende Mütter gefunden und Kinder, die mit Mißbildungen auf die Welt kamen, und konnten diesem Übel nicht auf den Grund kommen. Wir haben unsere Untersuchungen noch gründlicher betrieben und haben entdeckt, daß man ihre Unwissenheit ausgenützt hat, um sich an diesen jungen Frauen zu vergehen. Zugleich haben wir zu Gott gebetet, er möge uns jemanden schicken, der fähig sei, diese Arbeit zu übernehmen, um diesen Frauen zu helfen, sich dieser Schwierigkeit mit einem reinen Gewissen, einem gesunden Körper in einer glücklichen Familie zu stellen. Eine Schwester aus Mauritius, die einen Kurs für Familienplanung absolviert hatte, ist dieser Berufung gefolgt.

Wir haben mit einer Informationsarbeit begonnen, und

heute haben wir mehr als 3000 Familien, die sie in die Praxis umsetzen – mit einem Erfolg von 95 bis 96 Prozent.

Sobald die Leute gesehen haben, was in ihren Familien geschieht, sind sie gekommen, mir zu danken. Einige haben gesagt: „Unsere Familie ist vereint geblieben, wir sind eine gesunde Familie und können ein Kind bekommen.“

(14)

LIEBE – ANTWORT AUF EINSAMKEIT UND ARMUT

Die Menschen von heute hungern nach Liebe, nach verstehender Liebe, die die einzige Antwort auf Einsamkeit und bittere Armut ist. Deshalb können wir in Länder wie England und Amerika und Australien gehen, wo es keinen Hunger nach Brot gibt. Aber dort leiden die Leute unter schrecklicher Einsamkeit, schrecklicher Verzweiflung, schrecklichem Haß, fühlen sich unerwünscht, hilflos, hoffnungslos. Sie haben das Lächeln verlernt, sie haben die Schönheit einer menschlichen Berührung vergessen. Sie wissen nicht mehr, was menschliche Liebe ist. Sie brauchen jemand, der sie versteht und achtet.

(13)

Tausende von Menschen sterben, weil sie nicht einmal ein Stück Brot haben. Tausende andere sterben, weil sie kein bißchen Liebe, kein bißchen Anerkennung erhalten.

„ICH HABE DEN LEIB CHRISTI BERÜHRT“

Ein junges Mädchen aus einem Land außerhalb Indiens kam zu den Missionarinnen der Nächstenliebe, um bei ihnen mitzuarbeiten. Wir haben eine Regel, nach der ein neuer Mitarbeiter am Tag seiner Ankunft in das Haus der

Sterbenden gehen muß. Ich versuchte, dem Mädchen zu erklären: „Haben Sie bei der Heiligen Messe den Priester gesehen, wie liebevoll und behutsam er Christus in der Hostie angefaßt hat? Machen Sie es genauso, wenn Sie in das Sterbehaus gehen; denn es ist derselbe Christus, den Sie in den geschundenen Leibern unserer Armen finden werden." Die Schwester ging. Nach drei Stunden kam sie zurück und sagte mit einem Lächeln über dem ganzen Gesicht, wie ich es noch nie gesehen habe: „Mutter, ich habe den Leib Christi drei Stunden lang berührt." Worauf ich fragte: „Wie das? Was haben Sie gemacht?" Sie antwortete: „Als wir dort ankamen, brachten sie einen Mann, der in ein Abflußrohr gestürzt war und erst nach einiger Zeit wieder herausgezogen werden konnte. Er war über und über mit Wunden, Schmutz und Würmern bedeckt. Ich wusch ihn und war mir dabei bewußt, daß ich den Leib Christi berührte."

(2)

SIE NAHMEN IHN NICHT AUF

Nachdem ich nun so viele Jahre unter sterbenden, kranken,
verkrüppelten, körperlich und geistig behinderten
Männern, Frauen und Kindern gearbeitet habe,
bin ich zu einer Einsicht gelangt:
wie ich mit den Menschen in ihrem Leid mitzufühlen
versuchte,
ist mir aufgegangen, was Jesus empfunden haben muß,
als er in sein Eigentum kam
und die Menschen ihn nicht aufnehmen wollten.

Heute erscheint Christus uns in den Menschen,
die unerwünscht, arbeitslos, beiseite geschoben, hungrig,
nackt und heimatlos sind.
Für den Staat und die Gesellschaft erscheinen sie nutzlos,
und niemand hat für sie Zeit.

Du und ich müssen als Christen,
die der Liebe Christi würdig sein wollen
– soll unsere Liebe wahr sein –,
sie ausfindig machen und ihnen helfen.
Sie sind da, damit wir sie finden.
(10)

DIE WÄRME EINER MENSCHLICHEN HAND

Eines Tages ging ich durch die Straßen Londons. Ich sah einen Mann, der zusammengekauert da saß, er schien einsam und verlassen. Als er mich bat, ich solle mich zu ihm niederbeugen, blieb ich stehen, nahm ihn bei der Hand, schüttelte sie und fragte ihn, wie es ihm gehe. Er blickte auf und sagte: „Nach langer Zeit spüre ich endlich wieder die Wärme einer menschlichen Hand, nach so langer Zeit ..." Seine Augen leuchteten auf, und er setzte sich aufrecht hin. Schon dieses bißchen Wärme einer menschlichen Hand brachte Freude in sein Leben. Du mußt das einmal erleben. Du mußt deine Augen weit öffnen und ebenso handeln.

Ich bin überrascht, wie viele Jugendliche im Westen von Drogen abhängig sind. Und ich frage mich nach den Gründen. Gab es vielleicht niemand in ihrer Familie, der für sie da war? Waren Vater und Mutter so sehr beschäftigt, daß sie keine Zeit hatten? Ging das Kind deshalb auf die Straße, wo es in eine solche Sache hineingeriet? Wir wollen den Frieden, aber diese Dinge zerstören ihn.
(12)

„WISSEN WIR VON IHNEN?"

Wir haben in New York und Washington Häuser für die AIDS-Kranken eröffnet. Wie hat sich das Leben dieser Menschen doch geändert! Unglaublich! Ich kann nicht glauben, daß diese Menschen einmal zurückgewiesen, unerwünscht und ungeliebt waren. Denn jetzt bekommen sie Liebe von unseren Schwestern. Sieben von ihnen sind gut gestorben und direkt in den Himmel gekommen. Ihr Leben hat sich komplett geändert. Warum? Die Liebe, die Sorge der Schwestern, jemanden zu haben, der sie liebt ...

Tausende von AIDS-kranken jungen Menschen durchstreifen die Straßen. Sind wir bei ihnen? Wissen wir von ihnen? Tun wir etwas für sie?

(22)

KEIN GROSSES WERK –?

Unsere Schwestern in New York befassen sich mit kleinen, unauffälligen Werken: sie helfen Kindern, besuchen Einsame, Kranke und Beiseitegeschobene. Wir haben inzwischen erfahren, daß unerwünscht und beiseite geschoben zu sein, die größte Krankheit überhaupt ist ...

In einem der Häuser, die von unseren Schwestern besucht werden, lebte eine alleinstehende Frau; sie starb, und man fand sie erst nach einigen Tagen, als ihr Leichnam bereits zu verwesen begann. Ihre Nachbarn und die Menschen ihrer Umgebung kannten nicht einmal ihren Namen. Als mir jemand vorhielt, daß sich die Schwestern hier keinem großen Werk widmen und sich nur mit kleinen, unauffälligen Dingen befassen würden, sagte ich, daß selbst wenn sie auch nur einem einzigen Menschen geholfen hätten, dies ganz in Ordnung wäre. Jesus wäre auch nur für einen einzigen Menschen, für einen einzigen Sünder, gestorben.

(13)

DIE GROSSE ARMUT – DAS NICHTGEWOLLTSEIN

Eine Familie, die zusammen betet, bleibt zusammen. Von diesem Gebet kommt dann auch die Vertiefung des Glaubens, daß Gott uns liebt in der heutigen Welt. Den Menschen in Deutschland, die von Natur aus großherzig sind, müssen wir helfen, den Armen zu dienen. Ohne Glauben geht das nicht. Gebet muß sie dahin führen. Sehr oft haben wir die Armen in unserem Hause und wissen es nicht. Wir glauben, daß hungrig sein nur mit Brot zu tun hat. Noch viel bitterer ist der Hunger nach Liebe. Einsamkeit verbreitet sich immer mehr im Westen. Die große Armut ist das Nichtgewolltsein. Das geborene, ebenso wie das ungeborene Kind ist ein Geschenk Gottes. Wir sollen die Armen zuerst in unserem Heim suchen, dann beim Nachbarn, in der Straße, in der Stadt und in der ganzen Welt. Christus hat uns in diese Welt gesandt, um seine Liebe und sein Mitleid zu sein.

(20)

MEINE ARMEN

Meine Gemeinschaft sind die Armen. Ihre Sicherheit ist die meine, ihre Gesundheit die meine, mein Haus das ihre. Es sind aber nicht die Armen, sondern die Allerärmsten, die niemand aufnimmt, weil sie ansteckend und voller Bazillen und Schmutz sind. Es sind die, die nicht in die Kirche gehen, weil sie nicht zerlumpt gehen können. Es sind die, die nichts essen, weil sie nicht mehr die Kraft dazu haben. Es sind die, die auf der Straße umfallen und wissen, daß sie da sterben und daß die Lebenden vorbeigehen, ohne einen Blick auf sie zu werfen. Es sind die, die nicht weinen, weil sie keine Tränen mehr haben.

(7)

„IN SEINE HAND GESCHRIEBEN“

Alle reden von Frieden, doch diese Dinge zerbrechen den Frieden. Aber nach meiner Überzeugung ist heute der größte Zerstörer des Friedens die Abtreibung, denn sie ist ein direkter Krieg, ein direktes Töten, direkter Mord durch die Mutter selber. Wir lesen in der Schrift, wie Gott klar sagt: „Selbst wenn eine Mutter ihr Kind vergessen könnte, ich werde euch nicht vergessen, ich habe euch in meine Hand geschrieben.“ Wir sind in seine Hand eingeschrieben, so dicht bei ihm. Jedes ungeborene Kind ist auch in Gottes Hand eingeschrieben.

Am meisten berührt mich der Anfang des zitierten Satzes, daß selbst wenn eine Mutter – etwas Unmögliches – aber selbst wenn sie vergessen könnte, ich will euch nicht vergessen. Heute jedoch ist das größte Mittel, den Frieden zu zerstören, die Abtreibung.

Wir, die wir hier sind, sind von unseren Eltern erwünscht. Wir wären nicht hier, wenn unsere Eltern uns das angetan hätten. Wir wollen unsere Kinder, wir lieben sie. Viele Menschen kümmern sich sehr um die Kinder in Indien oder in Afrika, wo eine große Anzahl stirbt, vielleicht an Unterernährung oder an Hunger. Millionen aber sterben durch den vorsätzlichen Willen der Mutter. Dies zerstört heute wirklich am meisten den Frieden. Denn wenn eine Mutter ihr eigenes Kind töten kann, dann bleibt nichts Schlimmeres zu tun übrig, als daß ich Sie töte und Sie mich.

In Indien habe ich diesen Appell vorgebracht und wiederhole ihn überall: Laßt uns das Kind wieder in seine Rechte einsetzen! 1979 war das Jahr des Kindes, aber was haben wir für das Kind getan? Zu Anfang des Jahres bemerkte ich überall, wo ich redete: „Laßt uns dafür sorgen, daß jedes Kind, sei es geboren oder noch ungeboren, erwünscht ist.“ Heute sind wir am Ende des Jahres. Haben wir wirklich dafür gesorgt, daß die Kinder erwünscht sind?

Ich will Ihnen etwas Bemerkenswertes sagen: Wir bekämpfen Abtreibung durch Adoption. Wir haben Tausende Leben gerettet; wir haben alle Kliniken, Krankenhäuser und Polizeistationen benachrichtigt: „Bitte, tötet die Kinder nicht, ihr könnt sie uns geben. Es ist zu jeder Stunde – bei Tag und bei Nacht – jemand bereit. Es gibt eine Anzahl lediger Mütter. Sagt ihnen, sie möchten zu uns kommen; wir werden uns um sie kümmern, wir werden das Kind nehmen und ein Heim für es finden." Wir haben viele Bitten von Familien erhalten, die keine Kinder haben. Das ist Gottes Segen für uns.

Wir tun noch etwas Wunderschönes: Wir lehren unsere Bettler, unsere Leprapatienten, unsere Slumbewohner, unsere Leute von der Straße die natürliche Familienplanung. Allein in Kalkutta gab es in sechs Jahren – wohlgemerkt allein in Kalkutta – 61 273 Babies weniger in Familien, die sie sonst bekommen hätten, wenn sie nicht diesen natürlichen Weg des Sich-Enthaltens praktiziert hätten, diesen Weg der Selbstdisziplin aus Liebe zueinander. Wir lehren sie das Messen der Temperatur, das sehr schön und sehr einfach ist, und unsere Armen verstehen es. Wissen Sie, was sie mir sagten? „Unsere Familie ist gesund, sie ist geeint, und wir können ein Baby bekommen, wann immer wir es wollen." Und wenn unsere Leute dies tun können, wieviel mehr Sie und all die andern, die Mittel und Wege erfahren können, ohne das Leben zu zerstören, das Gott in uns geschaffen hat. Die Armen sind großartige Menschen. Sie können uns so viele schöne Dinge lehren. Neulich kam einer von ihnen, um sich zu bedanken. Er sagte: „Ihr, die ihr Ehelosigkeit gelobt habt, ihr seid am besten geeignet, uns Familienplanung zu lehren. Es ist nichts anderes als Selbstdisziplin aus Liebe zueinander." Ich meine, dies ist ein wunderbarer Satz. Dabei handelt es sich um Menschen, die vielleicht nichts zu essen oder kein Heim haben, in dem sie wohnen können. Die Armen sind wunderbare Menschen.

(25)

NIEMAND HAT ZEIT FÜR SIE

Mutter Teresas Werdegang, ihre innere Konsequenz und ihr Gehorsam haben dazu geführt, daß viele sie eine Prophetin der Nächstenliebe nennen. Und das ist sie in hervorragender Weise. Aber sie ist mehr als das: sie hat Werke geschaffen, in denen die Verlassenen Geborgenheit und die Hoffnungslosen eine Zukunft finden. Werke, von denen sich aber auch viele Menschen zur Mitwirkung angezogen fühlen, wie von einer Botschaft: Frauen, Männer, junge Menschen. Eine Bewegung ist entstanden, die, von Indien ausgehend, die Ärmsten der Armen zum Ziele hat. So begegnen sich in Mutter Teresa Charisma und Institution in dynamischer Ausgewogenheit. Hier ist wohl die Lösung des Geheimnisses zu suchen, welches ermöglicht, daß sich ihre Gründungen, belebt durch ihre liebenswerte Persönlichkeit, über die ganze Welt ausbreiten, um überall, ungeachtet aller Unterschiede der Kasten und Nationen, Kulturen und Religionen, Zeugnis zu geben von der Liebe Christi.

GEORG HÜSSLER

DIE WÜRDE DER ARMEN

Ich glaube, die Menschen von heute denken nicht daran, daß die Armen wie sie menschliche Wesen sind. Sie schauen auf sie herab. Aber wenn sie eine tiefe Achtung für die Würde der Armen hätten, dann würde es sicherlich – dann würde es leicht für sie sein, ihnen näherzukommen und einzusehen, daß auch sie Kinder Gottes sind, daß sie ebensoviel Recht auf die Dinge des Lebens und auf Liebe und Dienst haben wie jeder andere. In diesen Zeiten der Entwicklung ist jeder in Eile, jeder auf dem Sprung, und unterwegs fallen Leute zu Boden, die nicht mit den andern wetteifern können. Das sind die, welche wir lieben, denen wir dienen, für die wir sorgen wollen ...

Wir spüren selbst, daß das, was wir tun, nur ein Tropfen im Ozean ist. Aber wenn es diesen Tropfen nicht im Ozean gäbe, würde der Ozean, glaube ich, weniger sein wegen des fehlenden Tropfens. Wenn wir zum Beispiel nicht unsre Schulen in den Slums hätten – sie sind nichts, sie sind eben nur kleine Elementarschulen, in denen wir die Kinder lehren, die Schule gern zu haben und sauber zu sein usw. –, wenn wir diese kleinen Schulen nicht hätten, würden diese Kinder, diese Tausende von Kindern auf der Straße bleiben. Wir haben also die Wahl, sie entweder aufzunehmen und ihnen ein wenig zu geben oder sie auf der Straße zu lassen. Genauso ist es mit unserm Heim für Sterbende und unserm Heim für Kinder. Wenn wir jenes Heim nicht hätten, würden die Leute, die wir aufgelesen haben, auf der Straße sterben. Ich glaube, es war der Mühe wert, das Heim zu haben, und wäre es auch nur für jene wenigen, die darin mit Gott und im Frieden schön sterben.

(10)

Wir können sehr wenig für die Menschen tun, aber sie sollen wenigstens wissen, daß wir sie lieben, für sie sorgen und für sie da sind. So wollen wir gemeinsam versuchen, uns dieser Einheit zu nähern und christliche Liebe, Nächstenliebe und Mitleid verbreiten, wo immer wir hinkommen.

Die Armen müssen wissen, daß wir sie lieben, daß sie erwünscht sind. Sie selbst haben nichts zu geben außer Liebe. Wir fragen uns, wie wir diese Botschaft der Liebe und des Mitfühlens verständlich machen können. Wir versuchen, der Welt durch unsere Arbeit Frieden zu bringen.
(2)

ZEIT FÜR DIE MITMENSCHEN

Wir müssen geben, bis es weh tut. Wahre Liebe muß weh tun. Es tat Jesus weh, uns zu lieben, es tat Gott weh, uns zu lieben, denn er mußte geben, er gab seinen Sohn. Heute sind wir hier beieinander – ich kann Ihnen nichts geben, ich habe nichts zu geben –, aber das möchte ich von Ihnen, daß wir uns umsehen, und wenn wir in unserer eigenen Familie Arme sehen, daß wir zu Hause anfangen zu lieben, bis es weh tut. Habt ein Lächeln bereit, habt Zeit für die Mitmenschen! Wenn wir sie kennen, wissen wir, wer unser nächster Nachbar ist. Kennen wir die Menschen unserer Umgebung? Es gibt viele Einsame.

Eines Tages ging ich durch die Straßen, als ein Mann auf mich zukam und sagte: „Sind Sie Mutter Teresa?" Ich antwortete: „Ja." Da bat er: „Bitte, senden Sie einige Ihrer Schwestern in unser Haus. Ich bin halb blind, und meine Frau ist fast geisteskrank; wir sehnen uns einfach danach, eine menschliche Stimme zu hören. Wir haben alles außer ..." Als ich Schwestern dorthin schickte, fanden sie, daß es wahr war. Sie hatten alles – doch da war die große Einsamkeit jener zwei – und niemand, den sie ihr eigen nannten. Ihre Söhne und Töchter waren sehr weit weg von ihnen. Sie waren nun unerwünscht, sozusagen nicht mehr zu gebrauchen, zu nichts mehr nütze, und so müssen sie an großer Einsamkeit sterben.

(24)

WAS WIRKLICH FEHLT ...

In Kalkutta, Melbourne, New York und anderswo begegnen wir immer wieder einsamen, verlassenen Menschen, von denen man nur die Nummer ihrer Haus- oder Wohnungstür kennt. Warum nehmen wir uns ihrer nicht an? Wissen wir wirklich, daß es viele solcher Leute gibt, vielleicht sogar nur eine Tür weiter. Vielleicht ist da ein blinder Mann, der glücklich wäre, wenn du ihm einmal etwas aus der Zeitung vorlesen würdest; vielleicht sogar irgendein Reicher, der gern besucht sein möchte. Er mag viele andere Dinge besitzen und schier in ihnen ersticken, doch hat er niemanden, der ihn berührt, und er braucht deine Berührung ...

Hunger haben, das ist nicht nur das Verlangen nach einem Stück Brot; nackt sein heißt nicht nur Kleider nötig zu haben, obdachlos sein, nicht nur eines Daches über dem Kopf bedürfen. Auch der Reiche hungert nach Liebe und Anerkennung, nach Bestätigung durch einen anderen und nach gegenseitigem Vertrauen.

(13)

WER IST UNSER NÄCHSTER?

Die Menschen, um die wir uns kümmern müssen, können weit weg oder nah bei uns leben. Sie können geistig oder materiell arm sein. Sie können arm an Kleidung oder an Wissen über den Reichtum der Liebe Gottes für sie sein. Sie können auf der Suche nach einem Bett oder nach unserer Liebe sein.

(7)

Die jungen Menschen sind die Bauleute von morgen ... Die heutige Jugend will sich selbst vergessen, das sucht sie, darauf setzt sie.

In Harlem hat uns ein junges Mädchen aus reichem Haus in ihrem Auto eingeholt und hat mir gesagt: „Ich habe alles den Armen geschenkt und bin gekommen, um Christus nachzufolgen."

Gelegentlich werden Jesus unerwartete Aufmerksamkeiten erwiesen. In London rief mich eines Abends die Polizei an: „Mutter Teresa, auf der Straße steht eine sehr betrunkene Frau, die mit ihnen sprechen will." Wir sind hingegangen, um sie zu holen, und auf dem Rückweg hat sie mir gesagt: „Mutter Teresa, Christus verwandelt Wasser in Wein, um uns zu trinken zu geben." Und sie war wirklich sehr betrunken! ...

(14)

DIE ARMUT DER WESTLICHEN WELT

Die geistige Armut der westlichen Welt ist viel größer als die physische Armut unserer Menschen. Ihr im Westen habt Millionen von Menschen, die unter schrecklicher Einsamkeit und Leere leiden. Sie fühlen sich ungeliebt und unerwünscht.

Diese Menschen hungern nicht im körperlichen Sinn, sondern auf andere Weise. Sie wissen, daß ihnen etwas über das Geld hinaus fehlt, doch sie wissen nicht, was es ist. Was ihnen wirklich fehlt, ist eine lebendige Beziehung zu Gott.

Heute hungern die Armen nach Brot und Reis – nach Liebe und dem lebendigen Wort Gottes.

Die Armen dürsten –
nach Wasser und nach Frieden,
nach Wahrheit und Gerechtigkeit.

Die Armen sind obdachlos –
sehnen sich nach einem Haus aus Stein,
nach einem fröhlichen Herzen,
das versteht, schützt, liebt.

Die Armen sind nackt –
entbehren der Kleidung,
der menschlichen Würde,
des Mitgefühls mit dem nackten Sünder.

Sie sind krank – ihnen fehlt ärztliche Betreuung,
doch auch die sanfte Hand,
das warme Lächeln.

Die in der Versenkung Verschwundenen, die Unerwünschten, die Ungeliebten, die Alkoholiker, die sterbenden Mittellosen, die Verlassenen und Einsamen, die Ausgestoßenen und die Unberührbaren, die Leprakranken, all jene, die für die menschliche Gesellschaft eine Last sind, die vergessen haben, wie man lacht, die nicht mehr wissen, wie eine liebende und freundschaftliche Handberührung ist: sie alle wenden sich an uns um Trost.

(11)

Im Westen gibt es weit mehr geistliche als materielle Armut. Unter den Reichen gibt es viele, die spirituell ganz arm sind. Mir fällt es nicht schwer, einem Hungernden einen Teller Reis zu geben oder jemandem, der kein Bett hat, eine Matratze zu besorgen. Aber einen verbitterten Menschen zu trösten und ihm seine Bitterkeit zu nehmen, einen Zornigen vom Zorn zu befreien, einen Einsamen aus der Einsamkeit herauszuholen, das erfordert viel Zeit.

(12)

HEIMATLOSIGKEIT

Gott hat sich mit dem Hungernden, dem Kranken, Nackten, Heimatlosen gleichgestellt; Hunger nicht nur nach Brot, sondern nach Liebe und Fürsorge, nach Anerkennung; Nacktheit nicht nur durch mangelnde Kleidung, sondern durch Erbarmungslosigkeit, die viele gegenüber Fremden zeigen; Heimatlosigkeit nicht nur wegen eines fehlenden Daches über dem Kopf, sondern jene Heimatlosigkeit, die derjenige erleidet, dem niemand ein Wort schenkt.

(18)

„ICH BITTE FÜR DIE MENSCHEN UM ETWAS ....“

Ich dringe immer darauf, daß die Leute mit uns und für uns und für die Menschen arbeiten. Ich spreche mit ihnen nie von Geld oder bitte sie um etwas. Ich fordere sie nur einfach auf, zu kommen und die Menschen zu lieben, ihre Hände zu geben, um ihnen zu dienen, und ihre Herzen, um sie zu lieben. Und wenn sie mit ihnen in Berührung kommen, dann ist ihr erster Impuls, etwas für sie zu tun. Und wenn sie das nächste Mal kommen, dann fühlen sie sich bereits persönlich beteiligt. Wenn sie einige Zeit in Kalkutta oder irgendwo anders sind, fühlen sie sich Teil der Menschen. Wenn sie erst einmal gemerkt haben, wie liebenswert diese Menschen sind, einfach wie sie sind, und wieviel sie ihnen geben können.

(10)

WERKE DER LIEBE

Unsere Werke der Liebe sind nichts anderes als Werke des Friedens. Wir wollen sie mit größerer Liebe und mehr Einsatz tun, jeder in seiner alltäglichen Arbeit; zu Hause, in der Nachbarschaft, überall ist es derselbe Christus, der sagt:

Ich war hungrig – nicht nur nach Nahrung, sondern auch nach Frieden, der aus einem reinen Herzen kommt.

Ich war durstig – nicht nach Wasser, sondern nach Frieden, der den Kriegsdurst stillt.

Ich war nackt – es fehlte mir nicht an Kleidung, aber ich kannte nicht die wunderbare Würde der Männer und Frauen und hatte keine Achtung vor ihrem Leib.

Ich war heimatlos – ich hatte zwar ein Obdach aus Stein, aber mir fehlte ein Herz, das versteht, das zudeckt und liebt.

(12)

JEDER MENSCH IST EINMALIG

Wenn die Mitarbeiter den Armen und ihren Klagen zuhören, werden sie ihre besondere Aufmerksamkeit den Unerwünschten und Ungeliebten zuwenden ... denn heute ist die ärgste Krankheit nicht die Lepra oder die Tuberkulose, sondern das Gefühl, unerwünscht, nicht geliebt und von allen verlassen zu sein.

Die größte Sünde ist der Mangel an Liebe und Nächstenliebe, die furchtbare Gleichgültigkeit dem Nächsten gegenüber, der – abseitsstehend – der Ausbeutung, der Korruption, der Not und der Krankheit ausgeliefert ist. Da es jedem von uns aufgegeben ist, ein Mitarbeiter Christi in der Welt des Elends zu werden, muß er verstehen, was Gott und die Gesellschaft von ihm erwarten ...

Wenn unsere Armen manchmal verhungert sind, dann lag es nicht an Gott, der sich nicht um sie gekümmert hat, sondern an Euch und an mir, weil wir nichts hergegeben haben, weil wir nicht ein Werkzeug der Liebe in Gottes Händen waren; weil wir ihn, Christus, nicht erkannt haben, als er wieder einmal in der Gestalt von trostlosen, hilfsbedürftigen Menschen, von verlassenen Kindern zu uns gekommen ist.

Vor einiger Zeit ist ein kleines Kind gegen Mitternacht in unser Haus gekommen; ich bin hinuntergegangen, und das Kind hat geweint und gesagt: „Ich bin zu meiner Mutter gegangen, sie wollte mich nicht; ich bin zu meinem Vater gegangen, er wollte mich nicht ... Und du, willst du mich?"

Uns ist der einzelne wichtig. Um eine Person zu lieben, muß man ihr ganz nahe kommen. Wenn wir warten, bis ihrer viele sind, werden wir uns in der Menge verlieren und werden dieser Person niemals Achtung oder Liebe bezeigen können. Für mich ist jede Person einmalig auf dieser Welt.

Ich glaube, die Menschen von heute meinen, daß die Armen ihnen in menschlicher Hinsicht nicht gleichwertig sind. Sie betrachten sie von oben herab. Aber ich bin sicher, wenn sie eine tiefe Achtung vor den armen Menschen empfinden würden, wäre es ihnen ein Leichtes, ihnen näher zu kommen und zu sehen, daß sie dasselbe Recht auf die Dinge des Lebens und auf die Liebe haben wie jeder andere. In diesen Zeiten des Aufschwunges ist jeder gehetzt und wird herumgestoßen; und es gibt Menschen am Weg, die hinfallen, weil sie nicht die Kraft haben zu laufen. Die sind es, um die wir uns kümmern wollen.

Ich kümmere mich nie um Menschenscharen, sondern nur um eine Person. Würde ich mir die Scharen ansehen, würde ich nie beginnen. Die Liebe ist eine Frucht, die immer zeitgemäß ist.

(14)

DIE FÜLLE DES HERZENS ZEIGT SICH IM TUN

Ich sehe in Mutter Teresa eine Heldin, eine Heilige … Ihre außerordentliche Popularität hat weder ihre Einfachheit noch ihre Tatkraft beeinflußt. Mutter Teresa ist mehr als ein Vorbild, sie ist ein Symbol der Liebe, ohne die nichts möglich ist.

RAOUL FOLLEREAU

MIT GANZEM HERZEN

Wozu wir uns von Gott gebrauchen lassen, das ist wichtig. Was er durch uns tut, das ist wichtig. Weil wir Ordensleute sind, liegt unsere eigentliche Berufung nicht darin, für die Aussätzigen oder Sterbenden zu sorgen, sondern Jesus anzugehören. Weil ich ihm angehöre, ist die Arbeit für mich ein Mittel, meine Liebe zu ihm in die Tat umzusetzen. So ist sie kein Ziel, sie ist ein Mittel. Weil es meine Berufung ist, Gott ganz anzugehören, ihn mit ungeteilter Liebe zu lieben, habe ich die Gelübde abgelegt.

Ich sehe Christus in jedem Menschen, den ich anrühre, denn er hat gesagt: „Ich war hungrig, ich war durstig, ich war nackt, ich war krank, ich habe gelitten, ich war heimatlos, und du hast mich aufgenommen ..." So einfach ist das. Jedesmal, wenn ich ein Stück Brot gebe, gebe ich es ihm. Deshalb müssen wir einen Hungrigen finden und einen Nackten. Deshalb sind wir den Armen untrennbar verbunden.

Unsere Gelübde bestimmen unser religiöses Leben. Unser Gelübde der Keuschheit ist nichts anderes als unsere ungeteilte Liebe zu Christus in Keuschheit; so schreiten wir fort zur Freiheit der Armut – Armut ist nichts anderes als Freiheit. Und diese völlige Auslieferung ist Gehorsam. Wenn ich Gott gehöre, wenn ich Christus gehöre, dann muß er über mich verfügen können. Das ist Gehorsam. So versehen wir unseren Dienst an den Armen mit ganzem Herzen. Das ist Gottesdienst. Sie ergänzen sich gegenseitig. Das ist unser Leben.

Wenn man sich der Arbeit, die einem anvertraut ist, wirklich hingibt, dann muß man sie mit ganzem Herzen tun. Und man kann Heil nur bringen, wenn man aufrichtig ist und wirklich mit Gott arbeitet. Es kommt nicht darauf an, wieviel wir tun, sondern wieviel Liebe, wieviel Aufrichtigkeit, wieviel Glauben wir in unser Tun legen. Es ist gleich, was wir tun. Was Sie tun, kann ich nicht tun; und was ich tue, können Sie nicht tun. Aber wir alle tun, was Gott uns zu tun aufgetragen hat. Wir vergessen es nur manchmal und verbringen mehr Zeit damit, auf jemand anderen zu schauen und zu wünschen, etwas anderes zu tun.

Wir verschwenden unsere Zeit, indem wir an morgen denken; und heute lassen wir den Tag vergehen, und gestern ist vorbei.

(5)

MACH UNS WÜRDIG, HERR

Mach uns würdig, Herr,
unseren Mitmenschen auf der ganzen Welt zu dienen,
die in Armut und Hunger leben und sterben.
Gib ihnen, durch unsere Hände, ihr täglich Brot;
und Frieden und Freude durch unsere verstehende Liebe.

Herr, mach mich zu einem Werkzeug deines Friedens,
laß mich Liebe bringen in den Haß,
Verzeihung in die Schuld,
Einheit in die Zwietracht,
Wahrheit in den Irrtum,
Glauben in den Zweifel,
Hoffnung in die Verzweiflung,
Licht in das Dunkel,
Freude in die Traurigkeit.

Herr, laß mich mehr danach trachten,
zu trösten, als Trost zu finden,
zu verstehen, als Verständnis zu finden,
zu lieben, als Liebe zu finden.
Im Geben empfange ich,
im Mich-Vergessen finde ich mich,
im Verzeihen erfahre ich Verzeihung,
im Sterben stehe ich auf zum ewigen Leben. Amen.

(3)

WEGE ZU GRÖSSERER LIEBE

Ich kenne die Lage im Westen nicht so gut, weil ich schon so lange fort bin – vierzig Jahre. Aber jetzt kommt ja immer mehr dieses Fastengeldopfer auf, um den Ärmsten zu helfen. Es wächst, und die Leute fangen mehr und mehr an, sich dessen bewußt zu werden, daß es in der Welt Menschen gibt, die hungrig sind und die nackt sind und die krank sind und die kein Obdach haben. Und die Reichen wollen die Not irgendwie ein wenig teilen; die Schwierigkeit ist, daß sie nicht so geben, daß es weh tut. Die neue Generation, besonders die Kinder, hat mehr Verständnis. Die Kinder in England opfern, um unsern Kindern eine Scheibe Brot zu geben, und die Kinder in Dänemark opfern, um unsern Kindern täglich ein Glas Milch zu geben, und die Kinder in Deutschland opfern, um jedem Kind täglich ein Multivitamin zu geben. Dies sind die Wege zu größerer Liebe. Wenn diese Kinder heranwachsen, werden sie Glauben und Liebe haben und den Wunsch, zu dienen und mehr zu geben. (10)

FREUNDLICHKEIT IST DER BEGINN DER HEILIGKEIT

Die Launen der Armen auf sich nehmen heißt, jeden Menschen anzusehen, wo er steht, ihn bei der Hand zu nehmen, damit er weiß, daß man ihn ansieht, auf ihn achtet und ihn „braucht".

Wir werden nie wissen, wieviel Gutes ein einfaches Lächeln vollbringen kann.

Wir sprechen von unserem guten, gütigen und verständnisvollen Gott; sind wir der lebende Beweis dafür? Können die Leidenden diese Güte, dieses Verzeihen, dieses Verständnis lebendig in uns wiederfinden?

Es sollte niemals jemand zu Dir kommen, ohne daß er Dich glücklicher verläßt und es ihm besser geht. Jeder sollte die Güte in Deinen Zügen, in Deinen Augen, in Deinem Lächeln wahrnehmen.

In den Barackenvierteln sind wir das Licht der Güte Gottes. Die Freundlichkeit ist der Beginn der Heiligkeit.

(14)

WERKZEUGE IN GOTTES HAND

Ich sage immer, ich bin ein kleiner Bleistift in der Hand Gottes. Er ist es, der denkt, er ist es, der schreibt – und es kann hart sein. Manchmal bricht der Bleistift. Oder er muß ihn ein wenig spitzen. Sei ein kleines Werkzeug in seiner Hand, so daß er dich jederzeit brauchen kann, wo auch immer ... Wir müssen nur ja dazu sagen.

(22)

Es gibt Zeiten, da fühle ich mich völlig erschöpft, wie eine leere Hülse, ohne Stütze, ohne irgendeine Hilfe. Ich fühle mich so verlassen und so elend.

Ich selbst bin gar nichts. Er allein ist alles. Ich tue nichts aus mir selbst. Er tut es durch mich ... Wir sind in unserem Tun und Handeln Werkzeuge in Gottes Hand.

(2)

ERKENNEN – ERWARTEN

Wir haben im südlichen Teil der Bronx in New York ein Haus von kontemplativen Schwestern. Die Schwestern wußten nicht, daß ich kam, so daß ich ein Taxi nehmen mußte. Als der Taxifahrer sich weigerte, mich dorthin zu bringen, sagte ich zu ihm: „Aber wir wohnen da. Unsere Schwestern wohnen da." Er winkte ab. Dann sagte ich ihm:

„Ich setze mich jetzt neben Sie, und Sie werden sehen, daß weder Ihnen noch mir etwas zustößt." Ich stieg ins Taxi, und wir fuhren los. Sehr überrascht sah er, wie die Schwestern mich freudig begrüßten und die Leute winkten. Auch ein paar Betrunkene erkannten mich, sprachen mich an und nahmen den Hut ab ... Er konnte es nicht fassen, er konnte diese Präsenz nicht einordnen.

Ich erinnere mich, wie die kontemplativen Schwestern zum ersten Mal in einen Park in New York gingen. Sie waren weiß gekleidet und beteten den Rosenkranz. Als ein Mann sie erblickte, begann er zu rufen: „Ich bin nicht bereit, ich bin noch nicht bereit!" Die Schwestern gingen zu ihm und sagten: „Wir sind Schwestern. Gott liebt dich." Er wiederholte: „Ich bin nicht bereit! Ihr seid Engel, ihr seid vom Himmel gekommen, um mich zu holen. Und ich bin noch nicht bereit!" Er dachte, Engel wären gekommen, um ihn zu holen. Das zeigt euch, was die Menschen von uns erwarten.

(12)

ÜBER DIE GÜTE

Seid gütig und barmherzig. Laßt keinen je zu euch kommen, ohne daß er besser und glücklicher wieder geht. Seid lebendiger Ausdruck der Güte Gottes: Güte in euerm Gesicht, Güte in euern Augen, Güte in euerm Lächeln, Güte in euerm warmen Gruß. In den Slums sind wir das Licht der Güte Gottes für die Armen. Den Kindern, den Armen, allen, die leiden und einsam sind, gebt immer ein glückliches Lächeln. – Gebt ihnen nicht nur eure Fürsorge, gebt ihnen auch euer Herz.

(10)

ÜBER DAS LEIDEN

Ohne unser Leiden wäre unsre Arbeit nur Sozialarbeit, sehr gut und hilfreich, aber sie wäre nicht die Arbeit Jesu Christi, nicht Teil der Erlösung. Jesus wollte helfen, indem er unser Leben teilt, unsre Einsamkeit, unsre Schmerzen, unsern Tod. Nur weil er eins mit uns wurde, hat er uns erlöst. Wir dürfen das gleiche tun; all das Elend der armen Leute, nicht nur ihre materielle Armut, sondern auch ihre geistige Not, muß erlöst werden, und wir müssen es teilen, denn nur, wenn wir eins mit ihnen sind, können wir sie erlösen, das heißt, daß wir Gott in ihr Leben bringen und sie zu Gott bringen.

(10)

VON DER ARMUT DER REICHEN

Elend und Leid von heute gibt es aufgrund der Begierde. Da will man um jeden Preis Macht und Reichtum. Um diese Dinge zu erreichen, verschließt man sich stolz für das Mitleid. Liebe und Mitleid auf der einen, Begehren und Stolz auf der anderen Seite passen aber nicht zusammen. Darum müssen wir notwendig uns für das Mitleid entscheiden, die Güte Gottes immer besser kennenlernen. Dann wollen wir sehr bald auch die Armen kennenlernen und gehen dorthin, wo sie sind. Nur wenn wir sie kennen, werden wir sie auch lieben und ihnen dienen ...

Christus hat gesagt: Geht zu allen Menschen, lehrt alle Völker. Wir haben uns daher nicht auf bestimmte Völker spezialisiert. In Indien und anderen unterentwickelten Ländern sind wir materiell arm. In vielen Ländern dagegen, in Europa, Amerika und anderswo, gibt es die geistige Armut. Da sind die Reichen arm, ja in einem gewissen Sinn erheblich ärmer als unsere Leute in Kalkutta, die nur materiell arm, aber reich an Liebe sind. So richtet sich unsere Sendung nicht an einen bestimmten Typ von Volk im besonderen …

… Reiche können geistlich arm sein, weil sie nach Gott hungern. Als Christus sagte: Ich war hungrig, und ihr habt mir zu essen gegeben, meinte er jene Armen, die nach Brot hungern. Eingeschlossen ist aber auch der Hunger der Reichen in ihrer Einsamkeit ohne Gott. Das ist sogar die größte Armut, die ein Menschenherz treffen kann: ohne Liebe, ohne Gott zu sein. Man kann das heute an vielen Orten außerhalb Indiens erfahren: die Leute hungern nach Gott, ihnen fehlt so sehr das Verstandensein, das Mitleid. Da sind diejenigen, die keine Wohnung haben. Wir müssen ihnen helfen, welche zu bauen, und so materiell helfen, soweit es nötig ist.

Aber da sind auch die vielen Reichen, die in ihrer Einsamkeit auf andere Weise ohne Heim sind, nämlich nicht angenommen, bejaht, geliebt, und das ist vielleicht die größte Verlorenheit der Welt von heute. Viele Menschen befinden sich in dieser schrecklichen Not, und zu diesen Armen möchten die Missionarinnen der Liebe die Botschaft von Gottes Liebe bringen.

(28)

DIE KLEINEN DINGE

Wir vermögen keine großen Dinge zu tun, nur kleine, tun es aber mit großer Liebe …

Du kannst tun, was ich nicht tun kann. Ich kann tun, was du nicht zu tun vermagst. Zusammen können wir für Gott etwas Großes und Wunderbares tun.

Keiner rühme sich seines Erfolges, sondern berufe sich in tiefer Dankbarkeit auf Gott; aber auch Mißerfolg soll keinen entmutigen, solange er sein Bestes getan hat. Gott sieht nur auf unsere Liebe. Gott wird nicht fragen, wieviele Bücher wir gelesen haben, wieviele Wunder gewirkt, sondern ob wir aus Liebe zu ihm unser Bestes gegeben haben. Haben wir gut gespielt? gut geschlafen? gut gegessen? Nichts achtet Gott für zu gering, weil er allmächtig ist, und so ist jede unserer Handlungen, die mit, für und durch Christus getan wird, ein großer Erfolg.

Tun wir unsere Arbeit ohne Stolz und Eitelkeit …

Glaube nicht, daß es verschwendete Zeit sei, die Hungrigen zu speisen, die Kranken und Sterbenden aufzusuchen und sich um sie zu sorgen, offen zu sein für jene und sie aufnehmen, die niemand will und die obdachlos sind: denn das ist unsere tätige Liebe für Christus. Wir dürfen die niederen Arbeiten nicht scheuen, denn es ist die Arbeit, die niemand sonst tun will. Sie kann gar nicht gering genug sein. Wir sind so klein, und wir betrachten die Dinge im kleinen. Gott aber, der allmächtig ist, sieht alles im großen. Es sind kleine Dinge, die du tun kannst: einen Brief schreiben für einen Blinden oder einfach bei ihm sein und ihm zuhören, jemanden besuchen, jemandem Blumen bringen, für jemanden Kleider waschen oder das Haus putzen. Ganz einfache Arbeit, das ist es, was wir, du und ich, tun müssen. Es gibt viele, die Großes tun können, aber wenige, die die kleinen Dinge verrichten wollen.

Es mag Zeiten geben, da uns unser kostbares Leben unnütz vorkommt und wir unsere Talente als vertan betrachten. Unser Leben ist dann unnütz, wenn wir es nur im Lichte der Vernunft sehen. Unser Leben hat aber nur einen Sinn, wenn wir Christus in seiner Armut betrachten.

(11)

SCHENKT IHNEN EUER HERZ

Seid freundlich und barmherzig. Laßt niemanden, der zu euch kommt, nicht besser und glücklicher wieder gehen. Seid ein lebendiges Zeichen der Güte Gottes: Laßt Güte und Herzlichkeit aus eurem Gesicht sprechen, aus euren Augen, aus eurem Lächeln, aus eurem freundlichen Gruß. Wir sind in den Slums das Licht der Güte Gottes für die Armen. Den Kindern, Armen, allen, die leiden und einsam sind, gebt immer ein glückliches Lachen. Schenkt ihnen nicht nur eure Sorge, schenkt ihnen auch euer Herz.

Immer soll ein Lächeln auf unseren Lippen liegen für jedes Kind, dem wir Hilfe bieten, für jeden, dem wir Beistand leisten oder Medizin geben. Es wäre ein schwerer Fehler, würden wir nur unsere medizinischen Heilmittel verabreichen; wir müssen allen unser Herz anbieten. Die öffentliche Verwaltung leistet vielerlei Hilfe auf dem Gebiet der sozialen Fürsorge. Wir müssen noch etwas dazu geben: die Liebe Christi.

(13)

„CHRISTENTUM IST GEBEN“

Ein Hindu wurde gefragt: „Was ist das Christentum?“ Er antwortete: „Es ist Geben.“ Gott liebte die Welt so sehr, daß er seinen Sohn dahingab. Er gab ihn Maria, damit sie seine Mutter sei. Er wurde ein Mensch wie du und ich in allem, außer der Sünde. Auch Jesus bewies seine Liebe zu uns, indem er sein eigenes Leben dahingab, sein eigenes Sein …

Das ist Christi Geben. Auch heute liebt Gott die Welt. Er sendet dich und mich aus, um zu beweisen, daß er die Welt liebt, daß er noch Mitleid mit der Welt hat. Wir müssen seine Liebe sein, sein Mitgefühl in der Welt von heute. Aber um lieben zu können, müssen wir Glauben haben, denn tätiger Glaube ist Liebe, tätige Liebe Dienen. Jesus machte sich selbst zum Lebensbrot, damit wir essen können und leben und ihn in der elenden Verkleidung der Armen erkennen. Um lieben zu können, müssen wir sehen und fühlen können, und daher machte Jesus, wie wir in der Bibel lesen, die Armen zur Hoffnung auf Heil für dich und für mich. Er sagte: „Was ihr dem Geringsten meiner Brüder getan, das habt ihr mir getan."

Daher ist die Arbeit der Missionare der Nächstenliebe so schön. Ich glaube, wir sind keine eigentlichen Sozialarbeiter, sondern Kontemplative inmitten der Welt von heute, wenn wir Jesus beim Wort nehmen, denn er sagte: „Ich war hungrig, nackt, obdachlos, und ihr sorgtet für mich." So berühren wir ihn wirklich 24 Stunden täglich, und daher sind die Kontemplation und das Berühren Christi in den Armen so schön, so wirklich, so liebenswert. Unsere Armen brauchen keine Sympathie und kein Mitleid, sondern Liebe und Mitgefühl. Aber wir müssen wissen, daß sie liebenswerte Menschen sind, große Menschen; dieses Wissen wird uns dahin führen, sie zu lieben und ihnen zu dienen.

(25)

DEN MENSCHEN DIENEN

Sie fragen, wie ich die Aufgabe der Missionare der Nächstenliebe sehen würde, wenn ich Schwester oder Priester irgendwo in England wäre.

Nun, die Aufgabe der Kirche hier ist viel schwieriger als etwa bei uns in Kalkutta, im Jemen oder überall dort, wo das, was die Leute brauchen, ein Verband für ihre Wunden, eine Schüssel Reis und ein freundliches Umarmen ist – dazu jemand, der ihnen zu verstehen gibt, daß sie geliebt und gebraucht werden.

In England liegen die Probleme der Menschen viel tiefer,

in ihrem Innern. Die Menschen hier müssen auf dich zukommen, dir vertrauen und dich als einen Menschen sehen lernen, der ein Zeugnis der Barmherzigkeit und Liebe Christi ist, und zwar noch bevor ihre eigenen Probleme deutlich werden und du ihnen helfen kannst.

Das erfordert viel Zeit! Zeit für dich, um ein Mensch des Gebets zu sein und Zeit, um dich selbst jedem der Leute geben zu können.

(13)

ETWAS SCHÖNES FÜR GOTT

Ihr werdet erstaunt sein, wenn Ihr hört, daß wir Hunderte von wunderbaren Berufungen junger Menschen erhalten, und die jungen Menschen schreiben in ihrer Bewerbung etwas sehr Schönes. „Ich möchte ein Leben der Armut, des Gebetes und des Opfers führen, das mich zum Dienst an den Armen hinführt." Dies sind unsere jungen Leute, so voller Liebe und Großzügigkeit. In einem Augenblick können sie irgendwohin geschickt werden, zu jeder Zeit, um eine bescheidene Arbeit zu verrichten. Unsere ganze Gemeinschaft tut nur dies: den hungrigen Christus speisen, den nackten Christus kleiden, den kranken Christus pflegen, dem obdachlosen Christus ein Heim geben. Es ist sehr schön, unsere jungen Leute so ganz hingegeben zu sehen, so voller Liebe zu Gottes Armen. In unserer Gemeinschaft legen wir die drei Gelübde ab, Christus mit ungeteilter Liebe in Ehelosigkeit zu lieben durch die freigewählte Armut in vollständiger Unterwerfung in Gehorsam. Wir legen noch ein viertes Gelübde ab: aus ganzem Herzen den Ärmsten der Armen zu dienen, das heißt Christus in der niederdrükkenden Erscheinung der Armen.

Der Geist der Gemeinschaft ist totale Hingabe an Gott, liebendes Vertrauen zu den Oberen und Fröhlichkeit, denn ohne Freude gibt es keine Liebe, und Liebe ohne Freude ist keine echte Liebe. So müssen wir diese Liebe und diese Freude in die Welt von heute bringen. Wir brauchen weder Kanonen noch Bomben, um Frieden zu bringen, wir brauchen Liebe und Mitgefühl. Aber wir brauchen genauso jene tiefe Vereinigung mit Gott, das Gebet. Gebet ist mit Opfer verbunden. Opfer mit Anbetung. Die Familie, die zusammen betet, hält immer zusammen.

So laßt uns, so weit wie möglich, zusammen beten, ein jeder von uns. Was Sie tun können, kann ich nicht tun, und was ich tun kann, können Sie nicht tun. Aber zusammen tun wir etwas Schönes für Gott.

(24)

ICH BIN AUCH EINE REVOLUTIONÄRIN

Daß die Wahl [Friedensnobelpreis] des Jahres 1979 auf jene in Indien lebende und arbeitende Ordensfrau fiel, die in aller Welt mit staunend-liebevoller Anerkennung „Mutter Teresa" genannt wird, ist ohne Einschränkung anzuerkennen. Da wird – nun endlich – ein Mensch ins Blickfeld gerückt, eine einfache, fast einfältige Frau, eine Dienerin, deren Lebensentscheidung in radikalem Kontrast steht zu allen Kriterien unserer „Lebensqualität", die – nähmen wir sie wirklich ernst – diese Kriterien tief erschüttern müßte, und damit werden überdies Bausteine zu einem neuen Begriff von Frieden beigetragen: eines Friedens nämlich, der sich nicht definiert durch die leeren Sprüche von Politikern, sondern als friedensstiftende kleine große Tat – als Friede konkret.

BADISCHE ZEITUNG, FREIBURG

„ICH BIN AUCH EINE REVOLUTIONÄRIN“

Es gibt auf der Welt Leute, die sich für Gerechtigkeit und Menschenrechte einsetzen und so die Strukturen zu verändern suchen. Wir sind dem gegenüber nicht gleichgültig, aber in unserem täglichen Leben haben wir es mit Leuten zu tun, die nicht einmal ein Stück Brot zu essen haben. Unsere Aufgabe ist es, dieses Problem individuell zu betrachten – und nicht kollektiv. Wir sorgen uns um eine Person und nicht um eine Mehrheit. Wir suchen den Menschen, mit dem Jesus sich selbst identifizierte, wenn er sagte: „Ich war hungrig. Ich war krank.“ Würden wir das Problem allgemeiner betrachten, dann hätten wir kaum den Mut, etwas zu unternehmen ...

Ich könnte sie [die Gründe für die Armut in der Welt] in einem einzigen Wort zusammenfassen: Egoismus. Uns fehlt der Großmut, mit den anderen zu teilen, was wir besitzen. Die Reichen werden reicher und reicher, und die Armen ärmer und ärmer. Die Inflation, die die ganze Welt heimsucht, macht das Leben für die Armen fast unmöglich. Nichtsdestoweniger verlasse ich mich darauf, daß die Missionare der Nächstenliebe in Brasilien wie in anderen Ländern eine Brücke zwischen arm und reich schlagen; dies bemühen wir uns zu sein: eine Brücke zwischen zwei Welten ...

Einmal erbat ich in Äthiopien von einem Gouverneur ein Stück Land, um ein Spital zu bauen. Da sagte er zu mir: „Mutter, wissen Sie nicht, daß wir hier eine Revolution haben, die für solche Dinge sorgt?“ Ich antwortete: „Ja, ich weiß, aber ich bin auch eine Revolutionärin. Meine Revolution kommt jedoch von Gott und besteht nur aus Liebe.“ (25)

ALLEIN UM GOTTES WILLEN

Sogar am Anfang habe ich niemals Geld verlangt. Ich wollte den Armen einzig und allein um der Liebe Gottes willen dienen. Ich wollte, daß den Armen umsonst das zuteil wird, was sich die Reichen mit Geld verschaffen ...

Wer sind wir, daß wir die Reichen verurteilen? Unsere Aufgabe besteht darin, die Armen und die Reichen gegenüberzustellen, der Ort zu sein, wo sie einander begegnen ...

Familien der obersten Kaste adoptieren Kinder, die wir auf der Straße aufgelesen haben: Da geht es wirklich um eine Revolution, wenn man an die Vorurteile der Kasten denkt. Bei dieser Begegnung bessert sich der Reiche, weil er den Armen die Liebe Gottes aufzeigt, und der Arme wird besser durch die Liebe, die er vom Reichen empfängt ...

Ich glaube, daß die wichtigste Person in der heutigen Welt der Arme ist, weil es ihm überlassen ist, zu leiden und schwer zu arbeiten.

(14)

FRIEDEN, LIEBE, MITLEID

Wir müssen Frieden, Liebe und Mitleid in die heutige Welt bringen. Um das zu tun, brauchen wir keine Gewehre und keine Bomben. Wir brauchen eine innige Liebe, eine innige Vereinigung mit Christus ... Mitleid und Liebe müssen von innen heraus ... wachsen.

Ein Mitarbeiter ist wie das Wiederaufleuchten des Lebens Christi in der heutigen Welt. Aber bevor wir dieses Leben draußen leben können, müssen wir es in unsern eigenen Heimen vorleben. Es gibt heute viel Leid in der Welt, und ich habe den Eindruck, daß dies zu einem schönen Teil von den Familienverhältnissen her kommt, weil die Familie immer weniger zusammenkommt, immer weniger gemeinsam betet und immer weniger das Glück miteinander teilt. Als Mitarbeiter haben Sie die wunderbare Chance und die große Mission, jenes Leben des Friedens und der Eintracht zu leben und auf diese Art der Welt zu verkünden, daß Christus lebt!

Wie Sie wissen, leben die Mitarbeiter über die ganze Welt verstreut. Einige sind bekannt, andere unbekannt. Es liegt mir nichts daran, daß die Mitarbeiter lediglich eine Organisation mehr werden, eine Wohlfahrtsorganisation, eine Organisation, die Geld aufbringt. So laßt uns denn die Bedeutung der Mitarbeiterschaft vertiefen!

Ein Mitarbeiter ist eine Person mit Sendung, einer Sendung der Liebe, die nur aus der Vereinigung mit Gott kommen kann. Eine natürliche Frucht dieser Vereinigung ist die Liebe für die Familie, die Liebe für den Nächsten und die Liebe für die Armen …

Um denen, die unser bedürfen, unsere Liebe und unser Mitleid angedeihen zu lassen, müssen wir beten und opfern. Damit unser Wirken für die Armen ein Werk der Liebe werde, muß es auf Opfern beruhen.

Überall in der Welt ist soviel Leid, Leid, das vom Hunger, von Heimatlosigkeit, von allen möglichen Krankheiten herrührt. Aber ich denke, daß das größte Leid darin besteht, allein, unerwünscht, nicht geliebt zu sein, wirklich niemand zu haben; vergessen zu haben, was es heißt, menschlichen Kontakt, menschliche Liebe zu haben; was es heißt, erwünscht und geliebt zu sein; vergessen zu haben, was es heißt, jemanden zu haben …

(25)

„ICH BIN KEINE POLITIKERIN“

Ich bin keine Politikerin. Ich habe auch keine Zeit, über große Programme nachzudenken. Wir sind umgeben von Menschen, die nach Liebe hungern. Die geben wir ihnen. Wenn jeder im Nächsten das Ebenbild Gottes sähe, glauben Sie denn, daß wir noch Panzer und Granaten brauchten? …

Und wenn ich mein Leben noch einmal leben könnte, würde ich sofort dasselbe wieder machen. Es gibt keine größere Freude, als mit den Armen ihr Schicksal und die Liebe Gottes zu teilen.

Besitz interessiert mich nicht, denn ich weiß, daß Gott mich als ein ganz kleines, unwesentliches Instrument seiner Liebe gebraucht. Ich habe während der Jahre meiner Arbeit im Slum erfahren, daß gerade die Ärmsten am besten verstehen, was Menschenwürde ist. Ihr Hauptproblem ist nicht der Mangel an Geld, sondern daß man ihnen das Recht auf Menschsein, auf Liebe versagt. Das wird dieser Friedenspreis ändern. Durch ihn sind die Armen als Menschen anerkannt. Denn die größte Sünde der Menschen ist, daß sie den Armen das Recht auf Menschsein versagen, weil für sie Menschsein nur mit Besitz zusammenhängt ...

(25)

„IM HIMMEL GIBT ES KEINE SLUMS"

... In diesem Fiebertraum klopfte ich an die Tür des heiligen Petrus, doch er wollte mich nicht hineinlassen und sagte: ‚Im Himmel gibt es keine Slums.' In meiner Angst antwortete ich: ‚Gut, dann will ich den Himmel mit Leuten aus den Slums bevölkern; dann bist du nämlich gezwungen, mich hereinzulassen!" Armer heiliger Petrus ... Seitdem gönnen ihm die Brüder und Schwestern der Nächstenliebe keine Ruhe, und er muß sehr rücksichtsvoll sein, denn unsere Leute haben durch ihr Leiden längst schon einen Platz im Himmel reserviert. Am Ende müssen sie sich nur einen Eintrittsschein für den heiligen Petrus besorgen. Ich denke dabei an jene Tausende, die bei uns gestorben sind und denen die Freude dieses Eintrittsscheins beim heiligen Petrus gegeben wurde.

(13).

GOTTES SCHÖPFUNG – UNSER AUFTRAG

Gott schuf die Welt und sah, sie war gut. Gott schuf den Menschen und sah, er war gut. Gott schuf alles, und alles war gut für ihn. Können wir Gott das Leiden, die Armut in der Welt in die Schuhe schieben? Können wir das wirklich, wenn wir uns gegenüber ehrlich sind? Gott sah, es war gut. Was wir Menschen daraus machen, ist ein anderes Kapitel.

In Indien wurde vor kurzem versucht, die christlichen Kirchen in der Religionsausübung einzuschränken. Da mußte ich an die Worte Gandhis denken: „Wenn die Christen wirklich die Liebe Gottes leben, dann wird es in Indien keine Hindus mehr geben."

Sind seine Worte nicht wahr? Ist dies nicht unser Geheimnis, unser Auftrag? Laßt uns doch endlich einander lieben – und in Indien wie bei euch in Europa werden Wunder geschehen.

(25)

KALVARIA HEUTE

Das Leid in den Flüchtlingslagern ist groß. Es gleicht einem gewaltigen Kalvaria, auf dem Christus noch einmal gekreuzigt wird. Hilfe ist wichtig, solange es aber keine Vergebung und Versöhnung gibt, gibt es auch keinen Frieden – weder in Belfast noch in Vietnam.

(13)

EIN BEISPIEL FÜR DIE ARMUT CHRISTI

Von überall her kommen die jungen Menschen nach Indien und führen ein sehr armseliges Leben, ärmer als unseres, weil sie das Verlangen haben, aus ihrem reichen Milieu auszubrechen.

Ich glaube, sie wollen wirklich ein lebendes Beispiel für die Armut Christi sein.

Es genügt nicht, den Geist der Armut zu kennen; man muß die Armut kennen, wenn man wirklich nichts besitzt.

Heute wollen die Menschen, selbst wenn sie aus einem „wohlhabenden" Milieu kommen, die Erfahrung machen, was „nicht haben" bedeutet.

Die meisten der Berufungen, die aus Europa oder Amerika zu uns gekommen sind, haben uns nicht wegen der Arbeit gebeten, unserer Kongregation beitreten zu dürfen, sondern aus Liebe zur Armut.

(14)

„FRIEDEN HINTERLASSE ICH EUCH ..."

Danken wir Gott für das Geschenk des Friedens, das uns daran erinnert, daß wir geschaffen wurden, um diesen Frieden zu leben, und daß Jesus in allem – ausgenommen die Sünde – ein Mensch wie wir wurde und deutlich verkündete, daß er gekommen sei, uns die frohe Botschaft zu bringen. Diese Botschaft heißt: Friede auf Erden allen Menschen guten Willens. Und das ist etwas, was wir alle wollen – Friede des Herzens.

Laßt uns wie Christus den Frieden verkünden. Wo immer er ging, tat er Gutes. Er unterließ seine Werke der Nächstenliebe auch dann nicht, wenn die Pharisäer und andere ihn haßten oder versuchten, das Werk seines Vaters zunichte zu machen. Er ging einfach hin und tat Gutes. Kardinal Newman schrieb: „Hilf mir, deinen Wohlgeruch überall zu verbreiten – laß mich dich verkünden, ohne zu predigen, nicht durch Worte, sondern durch mein Beispiel." Unsere Werke der Liebe sind nichts anderes als die Werke des Friedens.

Laßt uns nicht mit Bomben und Kanonen die Welt bezwingen. Laßt uns Liebe und Mitleid üben. Friede beginnt mit einem Lächeln – lächle fünfmal am Tag denjenigen an, den anzulächeln du eigentlich keine Lust hast – tu es um des Friedens willen. So laßt uns den Frieden Gottes ausstrahlen und sein Licht anzünden, um in der Welt und in den Herzen aller Menschen allen Haß und alle Machtgier auszulöschen.

(11)

ES SIND MENSCHEN ...

Es gibt im Grunde keinen großen Unterschied
unter den Ländern,
denn überall begegnet man denselben Menschen.
Sie mögen zwar anders aussehen
und verschieden gekleidet sein,
mögen anders erzogen sein und andere Ansichten haben:
doch im Grunde sind sie alle gleich.
Alles sind Menschen, die geliebt sein wollen
und nach Liebe hungern.

(13)

FRIEDE

Wir werden dieses Jahr zu einem Jahr des Friedens machen, in einer besonderen Weise; um das tun zu können, werden wir versuchen, mehr zu Gott und mit Gott zu sprechen und weniger mit den Menschen und zu den Menschen. Laßt uns den Frieden Christi predigen, wie er es getan hat. Er ging umher, Gutes tuend; er hielt mit seinen Werken der Liebe nicht inne, weil die Pharisäer und andre ihn haßten oder seines Vaters Werk zu verderben suchten. Er ging einfach umher, Gutes tuend. Kardinal Newman hat geschrieben: „Laß mich deinen Duft überall, wo ich gehe, verbreiten, laß mich predigen, ohne zu predigen, nicht mit Worten, sondern durch Beispiel, durch ansteckende Stärke, durch den unsichtbaren Einfluß dessen, was ich tue, durch die sichtbare Fülle der Liebe, die mein Herz für dich hegt." Unsre Werke der Liebe sind nichts als Werke des Friedens. Laßt sie uns mit größerer Liebe und größerer Wirksamkeit tun, jeder oder jede von uns bei seiner oder ihrer täglichen Arbeit, in euerm Heim, bei euerm Nächsten. Es ist immer derselbe Christus, der sagt:

Ich war hungrig – nicht nur nach Speise, sondern nach dem Frieden, der aus einem reinen Herzen kommt.

Ich war durstig – nicht nach Wasser, sondern nach dem Frieden, der den leidenschaftlichen Durst nach der Kriegsleidenschaft stillt.

Ich war nackt – nicht entblößt von Kleidern, sondern von der schönen Würde der Männer und Frauen ihres Leibes wegen.

Ich war ohne Heim – nicht ohne ein Obdach aus Ziegelsteinen, sondern ohne ein Herz, das versteht, das schützt, das liebt.

Laßt uns dieses Jahr für Christus in unserem Nachbarn dies sein, wo immer die Missionare der Nächstenliebe und ihre Mitarbeiter sind. Laßt uns den Frieden Gottes ausstrahlen und so sein Licht anzünden und in der Welt und in den Herzen aller Menschen allen Haß und alle Machtliebe auslöschen. Laßt die Missionare der Nächstenliebe und die Mitarbeiter in jenem Land, in dem sie sind, Gott mit einem Lächeln begegnen in jedem, überall, wohin sie gehen.

(30)

NICHT HASSEN – VERZEIHEN

Ich habe es in Belfast in einigen Familien gesehen, die ich besucht habe, wo ein Mitglied getötet worden ist. Diese Menschen haben verziehen. Sie hassen diejenigen nicht, die ihr Kind ermordet haben, noch wollen sie sich an ihnen rächen.

Wir alle müssen für den Frieden arbeiten. Bevor uns dieser Frieden zuteil werden kann, müssen wir von Jesus lernen, sanft und demütig von Herzen zu sein. Nur die Demut wird uns zur Einheit und die Einheit zum Frieden führen. Helfen wir deshalb einander, so nah zu Jesus zu gelangen, um die Demut freudig zu lernen ... Denken wir an die unterdrückten Länder.

In Bangladesh ist nichts so nötig wie das Verzeihen. Es gibt dort soviel Bitterkeit und Haß. Ihr könnt Euch nicht vorstellen, was diese armen Menschen gelitten haben. Wenn sie spüren, daß man sich um sie sorgt, daß sie geliebt werden, werden sie vielleicht in ihren Herzen genügend Liebe finden, um zu verzeihen. Ich glaube, das ist das einzige, was den Frieden bringen kann.

Wir werden dieses Jahr in besonderer Weise zu einem Jahr des Friedens machen. Damit das gelingt, werden wir versuchen, mehr zu Gott und mit Gott zu sprechen und weniger zu den Menschen und mit den Menschen. Wir wollen den Frieden Christi predigen, wie er es getan hat.

(14)

DER UNTERSCHIED

Wenn man für den Frieden arbeitet, verringert dieser Frieden den Krieg. Ich will mich nicht in die Politik einmischen. Krieg ist das Ergebnis von Politik, und deswegen mische ich mich da nicht ein, das ist alles. Wenn ich bei der Politik lande, werde ich aufhören zu lieben. Weil ich mich dann für eine Seite entscheiden muß, nicht mehr für alle dasein kann. Das ist der Unterschied.

(3)

DAS HEUTIGE INDIEN

Indien braucht eine Entwicklung in Technik, Wissenschaft,
Wirtschaft, Medizin.
Planung und Organisation sind notwendig.
Doch was kann man anderes tun, als darauf zu hoffen?
Ich weiß es nicht.
Zuerst müssen die Menschen leben.
Man muß ihnen Essen, Wohnung und Kleidung geben.
Unser Arbeitsfeld ist das heutige Indien.
Solange es dieses gegenwärtige Indien gibt,
bleibt unsere Arbeit nützlich und nötig.
(7)

AN PRÄSIDENT BUSH UND SADDAM HUSSEIN

54A, A. J. C. Bose Road
Kalkutta – 16
2. Januar 1991

Sehr geehrter Präsident George Bush
und Präsident Saddam Hussein,

ich komme zu Ihnen mit Tränen in den Augen und Gottes Liebe im Herzen, um für die Armen zu bitten und für jene, die arm werden, wenn es zu dem Krieg kommt, den wir alle fürchten. Ich bitte Sie von ganzem Herzen, sich um Gottes Frieden zu bemühen, hart daran zu arbeiten und zu einer Versöhnung zu finden.

Sie wollen beide Ihren Standpunkt vertreten und für Ihr Volk sorgen, aber hören Sie dabei bitte zuerst auf den einen, der in die Welt gekommen ist, um uns Frieden zu lehren. Sie haben die Macht und die Kraft, Gottes Gegenwart und Ebenbild zu zerstören. Seine Männer, Seine Frauen und

Seine Kinder. Bitte gehorchen Sie dem Willen Gottes. Gott hat uns geschaffen, damit wir von seiner Liebe geliebt und nicht von unserem Haß zerstört werden.

Kurzfristig kann es in diesem Krieg, vor dem wir uns alle fürchten, vielleicht Gewinner und Verlierer geben, aber das kann und wird niemals das Leid, den Schmerz und den Verlust so vieler Leben rechtfertigen, die Ihre Waffen verursachen werden.

Ich komme zu Ihnen im Namen Gottes, des Gottes, den wir alle lieben und teilen, um für die Unschuldigen und Armen in der Welt zu bitten und für diejenigen, die durch den Krieg arm werden. Sie werden am meisten leiden, denn sie haben keine Möglichkeit zu fliehen. Ich bitte auf den Knien für diese Menschen. Sie werden leiden, und dann werden wir die Schuldigen sein, weil wir nicht alles in unserer Macht Stehende getan haben, sie zu schützen und zu lieben. Ich flehe Sie an, für die Verwaisten, Verwitweten, die allein zurückbleiben, weil ihre Eltern, Männer, Brüder und Kinder getötet wurden. *Ich flehe Sie an, diese Menschen zu retten.*

Ich bitte für diejenigen, die behindert und entstellt sein werden. Es sind Kinder Gottes. Ich bitte für diejenigen, die kein Zuhause, kein Essen und keine Liebe mehr haben werden. Bitte betrachten Sie diese Menschen, als wären es Ihre Kinder.

Schließlich bitte ich für diejenigen, die das Kostbarste verlieren werden, was Gott uns geschenkt hat, das Leben. Ich flehe Sie an, unsere Brüder und Schwestern zu verschonen. Ihre und unsere, denn sie sind uns von Gott gegeben, damit wir sie lieben und ehren. Wir haben kein Recht zu zerstören, was Gott uns gegeben hat. Bitte, bitte, machen Sie Ihren Verstand und Ihren Willen zu Verstand und Willen Gottes. Sie haben die Macht, Krieg in die Welt zu bringen oder Frieden zu stiften. BITTE WÄHLEN SIE DEN WEG DES FRIEDENS.

Ich, meine Schwestern und unsere Armen beten so viel für Sie. Die ganze Welt betet, daß Sie Ihre Herzen in Liebe zu Gott öffnen. Sie mögen den Krieg gewinnen, aber welchen Preis werden die Menschen zu zahlen haben, die gebrochen, behindert und verloren sind?

Ich appelliere an Sie – an Ihre Liebe, Ihre Liebe zu Gott und Ihren Mitmenschen. Im Namen Gottes und im Namen derjenigen, die Sie arm machen werden, zerstören Sie nicht das Leben und den Frieden. Lassen Sie Liebe und Frieden siegen, damit man sich an Ihre Namen erinnert für das Gute, das Sie getan, die Freude, die Sie bereitet, und die Liebe, die Sie geteilt haben.

Bitte beten Sie für mich und meine Schwestern, die wir versuchen, die Armen zu lieben und ihnen zu dienen, weil sie zu Gott gehören und von ihm geliebt werden. Und wir beten mit unseren Armen auch für Sie. Wir beten, daß Sie lieben und pflegen werden, was Gott so liebevoll in Ihre Obhut gegeben hat.

Möge Gott Sie segnen, jetzt und immerdar.

Gott segne Sie
M. Teresa MC
(3)

DAS LEBEN IST KOSTBAR, GEH SORGFÄLTIG DAMIT UM

Das Leben ist Schönheit, bewundere sie.
Das Leben ist Seligkeit, genieße sie.
Das Leben ist ein Traum,
mach daraus Wirklichkeit.
Das Leben ist eine Herausforderung,
stelle Dich ihr.
Das Leben ist eine Pflicht, erfülle sie.
Das Leben ist ein Spiel, spiele es.

Das Leben ist kostbar, geh sorgfältig damit um.
Das Leben ist Reichtum, bewahre ihn.
Das Leben ist Liebe, erfreue Dich an ihr.
Das Leben ist ein Rätsel, durchdringe es.
Das Leben ist Versprechen, erfülle es.
Das Leben ist Traurigkeit, überwinde sie.
Das Leben ist eine Hymne, singe sie.
Das Leben ist Kampf, akzeptiere ihn.
Das Leben ist Tragödie, ringe mit ihr.
Das Leben ist ein Abenteuer, wage es.
Das Leben ist Glück, verdiene es.
Das Leben ist das Leben, verteidige es.
(29)

EINE ÖKUMENE DER HILFE

Das Leben Mutter Teresas ist ein Beispiel dafür, was ein Mensch tun kann, dessen Glaube stark ist. Ihr Werk ist in jeder Hinsicht außerordentlich. Die Welt von heute verlangt mit verzweifelter Sehnsucht nach einer Güte und konkreten Liebe wie der ihren.

PHILIPP VON EDINBURGH

„WAS AUCH IMMER DU DEM GERINGSTEN MEINER BRÜDER TUST ...“

Was auch immer du tust:

Als ich hungrig war,
gabst du mir zu essen;
als ich durstig war,
gabst du mir zu trinken.

Als ich obdachlos war,
öffnetest du deine Türen;
als ich nackt war,
gabst du mir deinen Rock;

als ich müde war,
halfst du mir Ruhe finden;
als ich ängstlich war,
nahmst du mir all meine Furcht;

als ich klein war,
lehrtest du mich lesen;
als ich einsam war,
gabst du mir Liebe;

als ich im Gefängnis war,
kamst du in meine Zelle;
als ich auf dem Krankenbett lag,
pflegtest du mich;

im fremden Land
schenktest du mir Heimat;
als ich arbeitslos war,
suchtest du Arbeit für mich;

als ich in der Schlacht verwundet war,
verbandest du meine Wunden;
als ich nach Güte verlangte,
hieltest du meine Hand;

als ich Neger war
oder Chinese oder Weißer,
verspottet und beleidigt,
trugst du mein Kreuz;

als ich alt war,
schenktest du mir dein Lächeln;
als ich ruhelos war,
hörtest du mich geduldig an;

du sahst mich bedeckt
mit Speichel und Blut;
du erkanntest mich,
obwohl ich bedeckt war
von Schmutz und Schweiß:

als man mich auslachte,
standest du mir zur Seite;
als ich glücklich war,
teiltest du meine Freude.
(13)

GEMEINSAM HANDELN

Meine liebe Miss de Decker,
möge Gott Sie segnen für Ihr freundliches Andenken und die großzügige Spende. Sie müssen selbst auf vieles verzichtet haben, um mir helfen zu können. Aber gewiß wird Er es Ihnen lohnen.

Es wird Sie freuen zu hören, daß ich mittlerweile drei Begleiterinnen habe, die großartig und begeistert arbeiten ... Wir haben fünf verschiedene Slums, in die wir jeweils für ein paar Stunden gehen. Welches Leid, welches Bedürfnis nach Gott. Sie sollten nur einmal sehen, wie sich ihre erwartungsvollen Gesichter aufhellen, wenn die Schwestern kommen. Mögen sie auch nackt und schmutzig sein, ihre Herzen sind voller Zuneigung.

Meine liebe Schwester, seien Sie mutig und fröhlich, und wenn es Ihnen schwerfällt, so denken Sie oft an die Missionarinnen der Nächstenliebe, damit wir alle gemeinsam nach Gottes Willen handeln.

Gott segne Sie und bewahre Sie immer in Seinem Herzen.
Mit herzlichen Grüßen im Namen des Herrn
Mutter M. Teresa

(3)

Meine ganze Zeit wird von allen in Anspruch genommen, und bei den Schwestern ist es das gleiche. Sie arbeiten ohne Unterlaß für die Kranken oder für die Kinder und haben wirklich keine Zeit zum Schreiben. Sagt bitte den leidenden Schwestern, daß sie nicht traurig sein sollen, wenn sie keine Briefe bekommen, denn ich bin mit Arbeit überhäuft (Brief an Jacqueline de Decker).

(14)

EINE ART VON ADOPTION

Unter unseren Mitarbeitern gibt es Kranke und Behinderte, denen es oftmals nicht möglich ist, uns in irgendeiner Weise bei der Arbeit zu helfen. So adoptieren sie gleichsam eine Schwester oder einen Bruder von uns und opfern ihr ganzes Leiden und all ihre Gebete für diesen Bruder oder diese Schwester auf, die dann ihrerseits den kranken Mitarbeiter ganz in ihr Tun einschließen. Die beiden werden wie eine einzige Person und bezeichnen sich als ihr zweites Ich. Ich habe in Belgien solch ein zweites Ich, das mir vor kurzem bei einem Besuch dort sagte: „Du hast bestimmt schwere und anstrengende Tage vor dir mit all dem Hin und Her, dem vielen Reden und der ganzen Arbeit. Ich kenne das von den Schmerzen an meiner Wirbelsäule und von der schwierigen Operation her, der ich mich bald unterziehen muß."

Es ist ihre siebente Operation, und immer, wenn ich etwas besonders Schwieriges zu tun habe, ist sie es, die hinter mir steht und mir Kraft und Mut gibt, den Willen Gottes auszuführen. Dadurch vermag ich das zu leisten, was mir zu tun aufgegeben ist. Als mein zweites Ich tut sie den schwierigsten Teil der Arbeit für mich.

(13)

TEILEN – DAS IST UNSERE BINDUNG

Ja, die Leidenden Mitarbeiter sind kranke Menschen, die sich einer unserer Schwestern verbinden. Angenommen, Sie sind krank und haben mich und opfern all Ihren Schmerz und all Ihre Leiden für mich, so bringen Sie dieses Opfer Gott dar, für meine Arbeit. Und ich opfere die Arbeit und meine Liebe zu Gott für Sie. Ich helfe Ihnen, und Sie helfen mir. Und jeder wird dem anderen ein zweites Ich. Das ist ein ungeheures Geschenk. Sie können nicht selber arbeiten, also übernehme ich die Arbeit und Sie das Leiden. Ich habe einen Menschen, der das für mich tut. Sie hat schon sehr viele Operationen hinter sich. Sie opfert jede dieser Operationen für mich, während ich für sie in der Gegend herumrenne. Sie hat furchtbare Schmerzen, aber sie opfert das alles für mich. Wir haben eine Abmachung, daß wir alles teilen. Das ist unsere Bindung. Sie mit ihrem Leiden und ich mit meiner Arbeit und meinen Gebeten. Wunderbar. Jede Schwester hat einen kranken Menschen, der für sie betet.

(3)

HOFFNUNGEN

Wenn dies bei einzelnen spontan als eine Art Unzufriedenheit mit der Armut, in der sie leben, geschieht, dann ist es begründet und gut. Wenn dies aber von außen an sie herangetragen wird, als eine Art Philosophie, ein System von Ideen, dann ist es schlecht. Tatsächlich kann der Arme unzufrieden werden, weil er kein Brot zu essen hat. Nun, würde ich eine Situation der Unzufriedenheit, eine soziale Revolution hervorrufen, ohne anstelle des Früheren etwas Konkretes und Gutes vorzuschlagen und zu begründen, dann handelte ich nicht richtig. So würde ich die Hoffnungen zunichte machen, welche ich wachgerufen habe.

Ich glaube nicht, daß die Religionen die Leute passiver und resignierter machen – zumindestens nicht in dem Sinne, wie sich mir das Problem stellt. In Indien zum Beispiel geschieht dies nicht. Die Inder glauben, daß die Armut eine Wiedergutmachung für den Schaden ist, den sie in einem früheren Leben angerichtet haben. Aber sie sind nicht passiv. Sie haben einen gewissen Konformismus – einen Konformismus verglichen mit demjenigen von Jesus während seines Leidens. Die Religionen sind an diesem Zustand nicht schuldig.

Immer mehr müssen wir von dem Schönen erfahren, das in allem ist – selbst in einem Armen, der fähig ist, tagelang ohne Essen zu sein. Würden wir diese Fähigkeit haben? Was hält diese Leute aufrecht? Es sind Leute voller Leben, und wie unwahrscheinlich es auch scheint, sie lachen, sie hoffen, und sie sind fähig, ein reineres Leben zu führen als wir; darum sind sie auch näher bei Gott.

Das Schöne liegt nicht in der Armut, sondern im Mut zum Lachen und Hoffen, trotz der Armut. Ich schätze weder Hunger noch Feuchtigkeit, noch Kälte – sondern die Bereitschaft, dem die Stirn zu bieten, den Mut zu haben, auch in solchen Umständen zu leben; ich bewundere die Liebe zum Leben, die Fähigkeit, den Reichtum in kleinen Dingen zu entdecken, wie zum Beispiel in einem Stück Brot, das ich einmal einem jungen Inder gab; er aß es Brocken für Brokken, wobei er dachte, daß es so viel besser und nahrhafter wäre. Während die Ärmsten der Armen frei sind, sind wir übermäßig um Brot, Wohnung, Geld, überhaupt um alle materiellen Dinge besorgt. Schließlich stellen die Armen den größten menschlichen Reichtum der Welt dar, und wir verachten sie, wir behandeln sie wie Abfall. Aber wir haben kein Recht, die Reichen zu richten. Wir wollen keinen Zusammenstoß der Klassen, sondern eine Vereinigung, eine Verbrüderung, indem die Reichen die Armen und die Armen die Reichen retten.

(25)

MEIN GEHEIMNIS IST GANZ EINFACH

Gott, ich danke Dir für Deine Güte. Das war mein erster Gedanke. Und dann überkam mich eine unwahrscheinliche Freude, denn durch diesen Preis [Friedensnobelpreis 1979] werde nicht ich gerühmt, sondern die Armen unserer Welt. Sie werden jetzt endlich als Menschen anerkannt. Sie werden ernst genommen. Das ist meine größte Freude. Und gleichzeitig wird durch diesen Preis die Liebe als Mittel zum Frieden anerkannt ...

Mein Geheimnis ist ganz einfach: Ich bete. Und durch mein Gebet werde ich eins mit der Liebe Christi und sehe, daß beten ihn lieben, daß beten mit ihm leben heißt, und das bedeutet, seine Worte wahr zu machen. Denken Sie doch daran: „Ich war hungrig, ihr habt mich nicht gespeist" – und meine Armen in den Slums der Welt sind der leidende Christus, in ihnen lebt Gottes Sohn, leidet Gottes Sohn, stirbt Gottes Sohn, durch sie zeigt Gott mir sein wahres Gesicht. Beten heißt für mich, 24 Stunden lang eins mit dem Willen Jesu zu sein, für ihn, durch ihn und mit ihm zu leben …

Ich kann nur für mich reden. Für mich ist der leidende Christus derjenige, der mein Gott ist. Ich lebe in totaler Armut, weil ich nur so die Armen verstehen kann. Ich kann nur Christus verstehen, weil er seine Herrlichkeit verlassen hat und mein Bruder wurde. Andere sehen das nicht so. Aber ich bin nicht der Kirche, sondern Jesus gegenüber verantwortlich …

Ja, aber wer ist denn die Kirche? Das sind doch wir, Sie und ich! Jesus brauchte keine Paläste, nur Menschen brauchen dies. Aber die Kirche, das sind die, die ihm nachfolgen, sonst nichts. Und dies versuche ich täglich von neuem …

(25)

EIGENHÄNDIG!

Wir haben eine Familie von beinahe vierhunderttausend Mitarbeitern auf der ganzen Welt, die kommen und den Schwestern bei der Arbeit helfen. Ich gebe ihnen Gelegenheit, die Armen und Einsamen zu berühren. Einsamkeit ist in vielerlei Hinsicht schlimmer als körperliche Armut. Viele Menschen aller Religionen kommen zu mir und wollen nicht nur spenden, sondern eigenhändig mit anpacken. Dann haben wir noch Ärzte, medizinische Mitarbeiter, die sich in den Dispensarien um die Kranken kümmern. Jugendliche Mitarbeiter, die die Liebe zu den Armen bei den Jungen verbreiten. Liebe zur Reinheit und Liebe zum Gebet teilen diese jungen Leute miteinander. Junge Menschen suchen nach einer Aufgabe. Manchmal geraten sie auf den falschen Weg. Viele von ihnen sehnen sich wirklich nach Gott. Schauen Sie sich die Freiwilligen aus aller Welt an. Sie kommen, um hier zwei oder drei Monate zu dienen. Sie arbeiten das ganze Jahr, um Geld zu verdienen, denn wir geben ihnen nichts, sie müssen selbst für alles bezahlen.

(3)

WARUM ICH NACH DEUTSCHLAND KOMME

Ich glaube, [ich komme,] weil die Bischöfe und das deutsche Volk nicht nachgegeben haben, mich einzuladen. Aber hauptsächlich kam ich aus Dankbarkeit, daß Deutschland unseren Armen und uns geholfen hat, und weil sie uns Schwestern geschenkt haben, die draußen im Dienste der Ärmsten der Armen stehen. Der Grund ist Liebe und Dankbarkeit. Ich war etwas unsicher im letzten Moment, ob ich kommen sollte, weil ich unsere Menschen dort durch die große Überschwemmung dieser Tage leiden sah. Aber ich fühlte, daß Jesus mich jetzt hier haben wollte, damit wir seine Liebe und sein Mitleiden teilen können. Wir mußten in Delhi die Kinder evakuieren wegen der Flut. Das Haus, in dem wir die Leprakranken unterbrachten, wurde schwer beschädigt. In Benares und Allahabad stand es noch schlimmer. Am schlimmsten war es in Westbengalen. Etwas aber war schön dabei: daß alle Religionen zusammenkamen, eine Einheit bildeten im Helfen.

(20)

BEKEHRUNG

Wenn wir Gott in unser Leben aufnehmen, indem wir ihm von Angesicht zu Angesicht gegenübertreten, dann bekehren wir uns. Wir werden ein besserer Hindu, ein besserer Moslem, ein besserer Katholik, besser, was auch immer wir sein mögen, und indem wir besser werden, kommen wir ihm näher.

Es kommt nicht darauf an, wieviel wir tun, sondern wieviel Liebe, wieviel Aufrichtigkeit, wieviel Glauben wir in unser Tun legen.

Die Menschen von heute hungern nach Liebe, nach verstehender Liebe, die die einzige Antwort auf Einsamkeit und bittere Armut ist. Deshalb können wir in Länder wie England und Amerika und Australien gehen, wo es keinen Hunger nach Brot gibt. Aber dort leiden die Leute unter schrecklicher Einsamkeit, schrecklicher Verzweiflung, schrecklichem Haß, fühlen sich unerwünscht, hilflos, hoffnungslos.

Jede Religion glaubt an Ewigkeit – ein anderes Leben: Dieses Leben ist nicht das Ende: Menschen, die glauben, es sei das Ende, fürchten den Tod. Wenn man es richtig erklärte, daß der Tod nichts anderes ist als der Heimgang zu Gott, würde es keine Furcht mehr geben.

Wir helfen den Armen, mit Gott zu sterben. Wir helfen ihnen, Gott um Vergebung zu bitten. Das ist eine Sache zwischen ihnen und Gott allein. Und sonst niemand. Keiner hat das Recht, hier dazwischenzutreten. Wir helfen ihnen nur, ihren Frieden mit Gott zu machen, weil das die größte Notwendigkeit ist: in Frieden Gottes zu sterben.

Der Gesunde mag dem Tod näher sein als der Sterbende. Er mag geistig tot sein, nur sieht man es nicht. Wer sind wir schon, das zu beurteilen? Darum ist die Abtreibung eine so schwere Sünde. Man tötet nicht nur Leben, sondern stellt sein eigenes Ich über Gott.

Wenn wir Jesus in der Gestalt des Brotes sehen können, können wir ihn auch in den geschundenen Leibern der Armen sehen. Darum brauchen wir das Einssein mit Christus, brauchen wir den Glauben an Christus.

Armut ist ein so wunderbares Geschenk Gottes für uns alle – es gibt weniger Hindernisse. Sehr oft verbergen sich hinter dem Wunsch, etwas zu erlangen, Gier, Eifersucht, Verwirrung. Dann können wir Gott nicht sehen. Es ist ein Hindernis.

Die Arbeit hält das Gebet nicht auf und das Gebet nicht die Arbeit. Es bedarf nur einer kleinen Erhebung des Herzens zu ihm: „Ich liebe dich, Gott, ich vertraue auf dich, ich glaube an dich, ich brauche dich jetzt."

(5)

ÖKUMENE DER HILFE

Unser Ziel ist, den Ärmsten der Armen – was auch immer ihr ethischer Urgrund oder der Glaube sei, den sie bekennen – Gott und seine Liebe zu bringen. Wem wir unsere Hilfe zukommen lassen, hängt nicht von der Konfession, sondern von der Notwendigkeit ab. Nie versuchen wir, denjenigen, dem wir geben, zum Christentum zu bekehren, durch unsere Arbeit aber geben wir Zeugnis von der Anwesenheit Gottes und seiner Liebe, und wenn Katholiken, Protestanten, Buddhisten oder Ungläubige dadurch zu besseren Menschen werden – nicht mehr und nicht weniger –, sind wir zufrieden. Wenn sie in der Liebe aufwachsen, werden sie Gott näherkommen und entdecken, wie gut er ist.

Jeder Mensch kommt aus Gottes Hand, und wir alle wissen, was die Liebe Gottes für uns bedeutet. Für mich ist meine Religion alles, aber für jeden einzelnen ist sie das, was Gott in seiner Gnade dieser Seele gegeben hat. Gott wirkt auf seine Weise in den Herzen der Menschen, und wir können nicht wissen, wie nahe sie ihm sind. An ihrem Tun aber werden wir immer erkennen, ob sie zu seiner Verfügung stehen oder nicht. Ob Hindu, Moslem oder Christ: Wie du dein Leben lebst, beweist, ob du ihm ganz gehörst oder nicht. Wir dürfen nicht urteilen oder verurteilen und auch nichts weitersagen, was andern schaden könnte. Vielleicht hat einer noch nie etwas vom Christentum gehört. Wir wissen nicht, auf welche Weise Gott sich dem einzelnen offenbart und wie er ihn an sich zieht. Wir können uns deshalb nicht anmaßen, irgend jemanden zu verdammen.

Für den Einzelnen ist es wichtig, welcher Kirche er angehört. Wenn er davon überzeugt ist, daß sie für ihn der einzige Weg zu Gott ist, kommt Gott eben auf diese Weise in sein Leben. Wenn er keinen anderen Weg kennt, keine Zweifel hat und nicht suchen muß, dann ist das sein Weg zur Erlösung, der Weg, auf dem Gott in sein Leben kommt. Sobald aber eine Seele die Gnade hat, mehr über Gott, über Glaube und Religion zu erfahren, dann muß sie anfangen zu suchen. Sucht sie nicht, wird sie in die Irre gehen. Gott gibt jeder Seele, die er erschaffen hat, die Chance, ihm gegenüberzutreten, ihn anzunehmen oder abzulehnen.

So unterschiedlich die Menschen auf der ganzen Welt aussehen, eine andere Religion, Bildung oder Stellung haben mögen, trotzdem sind sie alle gleich: Menschen, die geliebt sein wollen. Sie alle hungern nach Liebe. Die Menschen, denen du auf den Straßen Indiens oder Hongkongs begegnest, hungern wirklich, aber auch die Menschen in London oder New York leiden unter einem Hunger, der gestillt sein will. Jeder Mensch braucht Liebe.

Die einen nennen ihn Ishwar, die anderen Allah, wiederum andere einfach Gott: aber wir alle müssen bekennen, daß er uns zu Größerem geschaffen hat: zu lieben und geliebt zu werden. Was allein zählt ist, daß wir lieben. Ohne Gebet aber können wir nicht lieben, deshalb müssen wir, welche Religion wir auch haben mögen, zusammen beten. (11)

BEGEGNUNG

Ich glaube an die Begegnung von Mensch zu Mensch. Jeder Mensch ist für mich Christus, und da es nur einen Jesus gibt, ist der jeweilige Mensch in diesem Augenblick der einzige Mensch auf der Welt ... Die Armen in den Elendsvierteln der Welt sind wie der leidende Christus. In ihnen lebt und stirbt der Sohn Gottes, durch sie zeigt mir Gott sein wahres Gesicht. Gebet heißt für mich, vierundzwanzig Stunden am Tag eins zu sein mit dem Willen Jesu, heißt, für ihn, durch ihn und mit ihm zu leben. Eines Tages werden wir dann Christus im Himmel begegnen. Der Herr wird uns seine Dankbarkeit zeigen und sagen: „Kommt, kommt zu mir, die ihr von meinem Vater gesegnet seid, denn ich war hungrig, und ihr habt mir zu essen gegeben; ich war nackt, und ihr habt mir Kleidung gegeben; ich war obdachlos, und ihr habt mich aufgenommen."

Mache uns würdig, Herr,
auf der ganzen Welt unseren Mitmenschen zu dienen,
die in Armut und Hunger leben und sterben.
Gib ihnen durch unsere Hände heute ihr tägliches Brot,
und schenke durch deine mitfühlende Liebe Frieden und Freude.

(17)

„ICH MÖCHTE ETWAS VON MIR GEBEN"

In unserm Werk haben wir viele Leute, die wir Mitarbeiter nennen, und ich möchte, daß sie ihre Hände zum Dienst an den Menschen geben und ihre Herzen, die Menschen zu lieben. Denn wenn sie nicht in sehr enge Berührung mit ihnen kommen, ist es sehr schwer für sie zu wissen, wer die Armen sind. Daher haben wir besonders hier in Kalkutta viele Nichtchristen und Christen, die im Heim für Sterbende und an andern Stellen zusammenarbeiten. Wir haben Gruppen, welche die Verbände und die Arznei für die Aussätzigen vorbereiten. Zum Beispiel kam vor einiger Zeit ein Australier und sagte, er wolle eine große Spende geben. Aber als er die Spende gegeben hatte, sagte er: „Das ist etwas außerhalb meiner selbst, aber ich möchte etwas von mir geben." Und nun kommt er regelmäßig in unser Heim für Sterbende, und er rasiert die Männer und spricht mit ihnen. Er könnte diese Zeit für sich selbst verwenden, nicht nur sein Geld. Er wollte etwas von sich selbst geben, und er gibt es.

(10)

HILFE

Wir wollen den Menschen, gleich ob sie das Leben noch vor sich haben oder im Sterben liegen, zeigen, daß es trotz der Ungerechtigkeiten für alle den gleichen Vater gibt ...

Direkte Hilfe erhalten wir nie. Aber wir können bemerken, daß die Regierung uns dadurch wirksam hilft, daß sie uns vertraut und achtet. Das erleichtert uns vieles; zum Beispiel bekommen wir Gebiete, wo wir Unternehmungen für die Armen durchführen können, oder wir können in der staatlichen Eisenbahn umsonst fahren ...

Der Import von Lebensmitteln, Medizin, medizinischen Instrumenten, Kleidung und allem Nötigen für unsere Arbeit, auch Möbeln, Schreibmaschinen usw. ist für uns frei. Die meisten dieser Sachen bekommen wir ja als Geschenke für die Armen, niemals, um Geschäfte damit zu machen. Und es sind viele Geschenke, die alle nötig gebraucht werden. Sie kommen von Menschen aller Rassen und Religionen. Die Regierung weiß, daß nichts in unseren Besitz übergeht. Es ist alles für die Armen. Darum vertraut uns die Regierung und gestattet uns vieles.

Wir registrieren alles, was wir ausgeben und erhalten und wozu wir es gebrauchen. Wenn zum Beispiel jemand 100 Rupien für die Leprakranken gibt, verwenden wir sie auch dafür. Wir respektieren den Wunsch des Gebers.

Wir haben Mitarbeiter und Wohltäter bei den Hindus, Moslems, Juden, Buddhisten, Protestanten und natürlich bei den Katholiken.

Es bleibt niemals etwas von dem übrig, was wir bekommen. Aber es hat uns auch nie das Notwendige gefehlt. Manchmal ereignet sich so etwas wie ein Wunder. Manchmal sind wir ohne Mittel, in der Angst, unseren Schützlingen nicht helfen zu können. Dann bekommen wir fast immer ganz unverhofft etwas, oft von unbekannten Gebern, von Vertretern verschiedenster Religionen oder gar keiner, von Reichen und Armen.

(7)

Das ist das Schöne an Gottes Werk,
daß es so viele Menschen einschließt.

MUTTER TERESA AN DIE MITARBEITER

1. Ein Mitarbeiter ist einer, der liebt. Daran müssen wir denken.
2. Wir benutzen den Namen Mutter Teresas, aber in Wirklichkeit sind wir Mitarbeiter Christi.
3. Was zählt, ist nicht die Quantität unserer Arbeit, sondern die Liebe, die wir hineinlegen.
4. Das Wesen des Mitarbeiters liegt nicht nur im „Tun", sondern im „Sein", im Christsein. Es ist seine Berufung, jedem gegenüber Christ zu sein.
5. Mitarbeiter sein ist kein Titel, sondern eine Lebensform: „Liebt mich, wie ich euch geliebt habe!"
6. Mitarbeiter sein heißt: ganz Jesus angehören.
7. Wir müssen Jesus und Seine Liebe den Menschen bringen, denen wir dienen.
8. Wir müssen Christus verkündigen, durch unsere Art zu sprechen, uns zu benehmen, zu lächeln, durch unser ganzes Leben, durch die Art, wie wir Ihm angehören.
9. Verkündigen ist nicht Predigen. Es ist Sein!
10. Die ganze Welt muß etwas geben.

11. Die Heiligkeit besteht darin, den Willen Gottes anzunehmen.
12. Verwandelt die Arbeit in Gebet! Betet bei der Arbeit!
13. Wir lassen es zu, daß Jesus sich uns opfert, ohne uns vorher darum gebeten zu haben.
14. Das wichtigste ist, alles mit Freude zu tun.
15. Wir müssen alles tun, daß die, die uns sehen, Jesus in uns sehen können.
16. Was wichtig ist: in Freiheit zu geben, was wir erhalten haben, ohne Dankbarkeit für unsere Großzügigkeit zu erwarten.
17. Lebt als Mitarbeiter und seid Mitarbeiter euer Leben lang!
18. Wir wollen Jesus bitten, daß er uns in sein Herz einschließt, denn ohne ihn können wir nichts miteinander vollbringen.
19. Wir müssen beten und uns opfern. Jesus sagt uns: „Martha, Martha, du kümmerst dich um viele Dinge, aber nur eins ist notwendig!"

(7)

WAS DU TUST

Es geht nicht um das, was wir tun,
oder wieviel wir tun,
sondern darum,
wieviel Liebe wir in das Tun legen,
in die Arbeit, die er uns anvertraut hat.

Was du tust,
kann ich vielleicht nicht tun ...
Was ich tue,
kannst du vielleicht nicht tun ...
Aber wir tun alle zusammen
etwas Schönes für Gott.

(21)

LÄCHELN IST WIE EINE PREDIGT OHNE WORTE

Ich begegnete Mutter Teresa. Ich erinnere mich nicht an das Gespräch. Ich erinnere mich an ihren Blick und an ihr Lächeln. Es war ein Blick, der von weit her kam, besser gesagt, vom Himmel. Ihr Lächeln zeigte die Gegenwart desjenigen in ihr, der, selbst reich, sich arm machte, um mit seiner Armut andere zu bereichern.

ALFRED ANCEL

LÄCHELN IST DER ANFANG DER LIEBE

Wenn ich eine Person hungrig von der Straße auflese, so gebe ich ihr einen Teller Reis, ein Stück Brot und habe ihren Hunger gestillt. Aber eine Person, die ausgeschlossen ist, die sich unerwünscht, ungeliebt, verstört fühlt, die aus der Gesellschaft ausgestoßen wurde, deren Armut ist so verletzbar, so groß, ich finde sie sehr schwierig. Unsere Schwestern arbeiten im Westen unter solchen Leuten. So beten Sie bitte für uns, damit wir jene frohe Botschaft für sie sein können. Aber wir können das nicht ohne Sie tun, Sie müssen es in Ihrem Land tun. Sie müssen die Armen kennenlernen; es mag sein, daß die Menschen hier alle materiellen Dinge haben, aber ich finde, wenn wir alle in unsere eigenen Wohnungen schauen, ist es oft schwierig, einander zuzulächeln. Und doch ist das Lächeln der Anfang der Liebe.

So lassen Sie uns einander mit einem Lächeln begegnen, denn das Lächeln ist der Anfang der Liebe, und wenn wir anfangen, einander zu lieben, so wollen wir selbstverständlich auch etwas tun.

(25)

Die Armen brauchen nicht nur Pflege und Zuwendung, sondern auch Freude, die zur Nächstenliebe gehört.

UNSERE HEITERKEIT BRINGT FREUDE

Die Heiterkeit muß ein Grundzug unseres Lebens sein. Eine heitere Ordensschwester wirkt in einer Gemeinschaft wie die Sonne. Die Heiterkeit ist das Zeichen dafür, daß ein Mensch großmütig ist. Sie ist auch gelegentlich ein Mantel, unter dem sich ein aufopferndes und großmütiges Leben verbirgt. Ein Mensch, der diese Gabe hat, erreicht zuweilen die höchsten Höhen. Die Leidenden sollen in uns mildtätige und tröstende Engel sehen. Warum hat Gott die Arbeit in den Barackenvierteln gesegnet? Nicht wegen bestimmter persönlicher Qualitäten, sondern wegen der Freude, die die Schwestern ausstrahlen. Die Menschen in der Welt und erst recht die in den Barackenvierteln haben nicht die Freude, die wir haben. Unsere Heiterkeit ist das beste Mittel, um den Heiden das Christentum zu predigen.

Was wäre unser Leben, wenn unsere Schwestern nicht heiter wären: ein Sklavendienst, nicht mehr und nicht weniger. Wir würden arbeiten und wären für niemanden anziehend. Traurig, niedergeschlagen und bedrückt sein führt unaufhaltsam zur Faulheit, der Mutter aller Übel.

Solange Ihr froh seid, fürchtet Euch nicht vor der Lauheit! Die Freude leuchtet aus den Augen und dem Blick, aus dem Gespräch und aus der Haltung. Ihr könnt sie nicht in Euch zurückhalten, weil sie nach außen drängt. Wenn die Menschen das Glück in Euren Augen sehen, werden sie sich bewußt sein, daß sie Kinder Gottes sind.

(14)

Ein fröhliches Herz ist in der Regel die Frucht eines Herzens, das vor Liebe brennt.

PREDIGT OHNE WORTE

Wir sind sogar physisch darauf angewiesen, die Freude zu haben, denn die Freude schenkt uns Kraft. Eine Schwester, die froh ist, fühlt sich weniger müde und ist immer bereit, Gutes zu tun. Eine glückliche Schwester predigt auch ohne Worte. Sie ist wie der Sonnenschein der Liebe Gottes, sie weckt die Hoffnung auf das ewige Glück und ist eine Flamme brennender Liebe.

Schenkt den Kindern und den Armen, den Leidenden und Einsamen immer ein fröhliches Lächeln; schenkt ihnen nicht nur eure Aufmerksamkeit, sondern auch euer Herz. Auch wenn wir nicht viel zu geben haben, können wir doch immer die Freude geben, die aus einem Herzen kommt, das in Gott verliebt ist. Freude ist sehr ansteckend. Seid deshalb immer voller Freude, wenn ihr zu den Armen geht.

(12)

Die Freude ist nicht nur eine Frage des Temperaments im Dienst an Gott und an den Menschen. Freude zu haben ist immer etwas Schwieriges, gerade das ist ein Grund mehr, weshalb wir uns bemühen sollten, daß wir sie finden und daß sie in unserem Herzen wächst.

(13)

AN DIE GRUPPE DER „SÄNGER ASIENS"

Wir bringen den Menschen die Freude, indem wir ihnen dienen ...

Ihr bringt sie durch das, was Ihr tut. Eure und unsere Arbeit ergänzen einander. Was Ihr singend und tanzend tut, tun wir durch Wischen und Säubern. Es ist schön, den Menschen Freude bringen zu können. Ich bin sicher, daß vielen dank Eurer Bemühungen leichter zumute ist. Dieses Talent, das Ihr erhalten habt, kann nur der Reichtum Euch rauben. Solange Ihr bereit seid, Euch von Euch selbst leerzumachen und Euch mit Gott auszufüllen, wird Euch dieses Talent erhalten bleiben. An dem Tag, an dem wir Reichtümer ansammeln, verlieren wir etwas und sterben.

Die Reichtümer, ob sie materieller oder geistiger Natur sind, können Euch ersticken, wenn sie nicht richtig verwendet werden. Ich preise Gott, daß Ihr Eurem Ruf gefolgt seid. Bleiben wir so „leer" wie möglich, damit Gott uns ausfüllen kann. Selbst Gott kann in einen Raum nichts legen, in dem kein Platz mehr ist. Denn er drängt sich uns nicht auf. Ihr werdet die Welt mit der Liebe erfüllen, die Gott Euch geschenkt hat. Die Arbeit der moralischen Wiederaufrüstung geht unauffällig und mit Liebe vor sich. Je unauffälliger sie vor sich geht, desto tiefer dringt sie ein. Ihr gebt sie den Menschen weiter, und sie müssen sie sich zu eigen machen. Die Menschen haben nicht soviel Sehnsucht danach, uns zu sehen, aber sie hungern und dürsten danach, was Gott ihnen durch uns geben will. Wir dienen demselben Meister. Auf der ganzen Erde hungern und dürsten die Menschen nach der Liebe Gottes. Ihr stillt diesen Hunger auf Eure Art, indem Ihr Freude ausstrahlt. Wir drücken die Freude auf unsere Art aus, indem wir uns dem Dienst an Kranken, Sterbenden, Ausgestoßenen widmen.

(14)

HEUTE

Das Gestern gehört der Vergangenheit,
das Morgen der Zukunft, die wir nicht in der Hand haben.
Es kann sein, daß es kein Morgen mehr gibt.
Wir haben nichts als den heutigen Tag.
Heute gilt es, bereit zu sein und tätig,
heute müssen wir für die Verherrlichung Gottes arbeiten.

(2)

GLAUBE UND FREUDE

Glaube ist eine Gnade Gottes. Ohne ihn würde es kein Leben geben. Und unsre Arbeit muß, um fruchtbar und ganz für Gott zu sein und schön, auf den Glauben begründet werden. Glauben an Christus, der gesagt hat: „Ich war hungrig, ich war nackt, ich war krank, und ich war obdachlos, und ihr habt das an mir getan."

Der Glaube muß, um echt zu sein, gebende Liebe sein. Glaube und Liebe gehen zusammen. Sie vervollständigen sich gegenseitig. Wir müssen fähig sein, die Liebe Christi auszustrahlen, sie in unsern Handlungen auszudrücken. Wenn unsere Handlungen nur einfach nützliche Handlungen wären, die den Menschen keine Freude geben, dann würden sich unsre Armen nie dem Ruf öffnen können, den wir sie hören lassen wollen, dem Ruf, Gott näherzukommen. Wir wollen ihnen das Gefühl vermitteln, daß sie geliebt werden. Wenn wir mit traurigem Gesicht zu ihnen gingen, würden wir sie nur noch niedergedrückter machen.

Freude ist ein Netz von Liebe, mit dem man Seelen fangen kann. Ein fröhliches Herz aber ist in der Regel das Ergebnis eines Herzens, das vor Liebe brennt. Laßt niemals etwas euch so mit Sorgen erfüllen, daß ihr die Freude des auferstandenen Christus vergeßt.

Wir alle sehnen uns nach dem Himmel, wo Gott ist, aber es steht in unserer Macht, schon jetzt mit ihm im Himmel zu sein, in eben diesem Augenblick glücklich mit ihm zu sein. Aber jetzt mit ihm glücklich sein, heißt:

Lieben, wie er liebt,
helfen, wie er hilft,
geben, wie er gibt,
dienen, wie er dient,
retten, wie er rettet.
(10)

GOTT HAT ALLE DINGE GESCHAFFEN

Gott hat alle Dinge geschaffen. All die Schmetterlinge, all die Tiere – die ganze Natur hat er für uns geschaffen. Der Kreatur hat er keinen freien Willen gegeben. Sie hat nur Instinkt. Tiere können sehr liebenswert sein und mit großer

Anmut lieben, aber das geschieht aus Instinkt. Das Menschenwesen jedoch kann wählen. Das ist etwas, was Gott nicht von uns nimmt. Den freien Willen, die Kraft zum Wollen. Ich will in den Himmel kommen, und ich werde es mit Gottes Hilfe. Wenn ich die Sünde wähle und zur Hölle gehe, so ist das meine Entscheidung. Gott kann mich nicht zwingen, es anders zu machen. Darum geben wir, wenn wir Ordensleute werden, den eigenen Willen auf. Deshalb ist das Opfer so groß: das Gelübde des Gehorsams ist schwer. Denn indem man dieses Gelübde ablegt, gibt man das einzige auf, was einem gehört: den eigenen Willen. Sonst gehören meine Gesundheit, mein Leib, meine Augen, alles an mir ihm, und er kann es nehmen. Ich kann fallen, ich kann zerbrechen, aber mein freier Wille nicht. Ich muß mich entscheiden, ihn hinzugeben, und das ist schön.

(5))

GOTT SORGT FÜR DIE MENSCHEN, TIERE UND PFLANZEN

Daß Gott selbst die Vögel und die Blumen beschützt, weckt in uns das Vertrauen in die Vorsehung Gottes. Wenn Gott die jungen Raben ernährt, die zu ihm krächzen, wenn er den Vögeln Nahrung gibt, die weder säen noch ernten, noch Scheunen mit Vorräten füllen, wenn er die Blumen des Feldes so wunderbar kleidet, um wieviel mehr wird er dann für die Menschen sorgen, die er nach seinem Ebenbild geschaffen und an Sohnes Statt angenommen hat! Wie wird er für uns sorgen, wenn wir als seine Söhne und Töchter handeln, seine Gebote halten und immer ein kindliches Vertrauen zu ihm haben!

(12)

DEN ANDEREN MIT FREUDE DIENEN

Es ist gut für uns, daß wir uns nicht an einen einzigen Ort binden, sondern bereit sind, kreuz und quer über die Erde zu eilen. Eile ist Beweis wahrer Gottesliebe. Glühender Einsatz ist das Merkmal der Liebe, und dieses Brennen zeigt sich in der Bereitschaft, für die anderen sein Leben hinzugeben. Wir können nicht anders, als vor Liebe zu den anderen brennen.

Als Jesus in die Welt kam, empfing ihn Maria, seine Mutter, und schenkte ihn, ohne zu zögern, den anderen Menschen. Was wollte sie damit tun? Sie wollte die Freude weitergeben.

Es war einer der schönsten Augenblicke im Leben von Maria, als sie, nachdem Jesus in ihr Leben getreten war, über die Hügel in das Dorf ihrer Base Elisabet eilte. Sie wollte Elisabet und dem Kind, das diese erwartete, Jesus weitergeben. Wir lesen im Evangelium, daß das Kind der Elisabet bei dieser ersten Begegnung mit Christus vor Freude in ihrem Leib hüpfte.

Wir wurden dazu erschaffen, die Freude in die Welt zu tragen, damit wir einander und damit wir Gott lieben können.

Maria soll die Quelle unserer Freude sein. Jeder von uns soll Jesus für sie sein. Wie kein anderer hat er sich die Demut von Maria angeeignet. Sie war eine Magd. Die Freude war ihre Stärke. Nur die Freude konnte ihr die Kraft geben, über die Hügel von Judäa zu eilen, um die Arbeit einer Magd zu verrichten. Magd sein heißt, sich mit Freude in den Dienst der anderen stellen. Auch wir müssen uns beeilen, die Hügel unserer Schwierigkeiten zu überwinden und voll Freude den anderen zu dienen.

(19)

WIR ERKENNEN SEINE HAND IN ALLEM, WAS GESCHIEHT

Ich kenne keinen, der irgendwann einmal Mutter Teresa getroffen hätte, sei es auch noch so kurz gewesen, und von dem Erlebnis unbewegt geblieben wäre. Für mich war es eine der außerordentlichsten Erfahrungen in einem ziemlich ereignisreichen Leben. Sie hat mich sehen, nicht nur einfach schauen gelehrt; würdigen, nicht nur einfach erkennen; und sie hat das, was mir an Glauben geblieben war, gefestigt. Ich kann mir niemand vorstellen, den ich lieber bei mir haben möchte, wenn ich wirklich in Not bin oder wenn meine Zeit abgelaufen ist, als Mutter Teresa, denn sie hat für mich, ich glaube unbewußt, ein mächtiges Vokabular des Verstehens geschaffen, in dem ich auch als nicht praktizierender Christ Trost finden kann.

DESMOND DOIG

GOTTES ABSICHT ERKENNEN

Wir machen keine Pläne, wir bereiten keine Infrastruktur vor. Alles wird nach den Bedürfnissen der Armen geplant. Wenn sie uns um Brot bitten, versuchen wir es für sie zu bekommen; wenn sie niemanden haben, der ihnen die Kleider wäscht, dann waschen wir sie. Die göttliche Vorsehung leitet uns bei der Ausübung der Arbeit und beim Erlangen der Mittel dafür. Wenn es nötig ist, betteln wir auch …

Wir versuchen auf Gott und seine Absicht zu schauen und zu hören. Und wir sagen täglich: „Ja, Gott!" Darum werden wir durch Schwierigkeiten weder entmutigt noch unschlüssig; selbst in Salvador, wo es so viel zu tun gibt, daß wir nicht wissen, wo mit der Arbeit beginnen. Aber ich prophezeie Ihnen, daß wir unserer Verpflichtung Gott gegenüber durch die Armen Ehre erweisen werden …

Ich kann mich nicht daran erinnern, daß jemand unsere Hilfe je abgelehnt hat. Der Ärmste der Armen ist gut; er kennt das Gefühl der Ablehnung nicht. Wenn meine Schwestern in die ärmeren Orte gehen, beschränken sie sich nicht auf materielle Gaben – sie geben auch jemanden diesen Leuten. Als wir in Mexiko eines unserer Häuser errichteten, bekamen wir folgende Worte zu hören: „Schwester, lehr uns etwas über Gott!"

(27)

Ich werde immer öfter gebeten, in der Öffentlichkeit zu reden. Dies ist für mich ein Gottesurteil. Ich wünschte, ich müßte es nicht tun. Für mich ist es schwieriger, eine Rede zu halten, als einen Aussätzigen zu pflegen. Aber oft muß ich es um der Armen willen tun.

Ich hätte nie gedacht, daß Gott so handeln würde. Wir haben nichts. Aber Gottes Größe hat dieses Nichts benützt, um etwas daraus zu machen.

(2)

Im Augenblick sind wir in 25 Städten in Indien, außerhalb Indiens in Ceylon und Tansania, in Venezuela und in Rom. Solange Gott mir Berufungen gibt, ist das ein Zeichen für Gottes Wille, daß wir uns ausbreiten; und überall, wo es Arme gibt, werden wir hingehen und ihnen dienen ... Wenn er uns Berufungen gibt, ist das ein Zeichen, daß wir zu den Armen hinausgehen sollen.

(10)

LIEBE, DIE AUS DEM GLAUBEN KOMMT

Glaube ist eine Gnade Gottes. Ohne ihn würde es kein Leben geben. Und unsre Arbeit muß, um fruchtbar und ganz für Gott zu sein und schön, auf den Glauben gegründet werden. Glauben an Christus, der gesagt hat: „Ich war hungrig, ich war nackt, ich war krank, und ich war obdachlos, und ihr habt das an mir getan." Auf diese seine Worte gründet sich unsre ganze Arbeit ...

Er [der Glaube] fehlt, weil es so viel Selbstsucht und Eigensucht gibt. Aber der Glaube muß, um echt zu sein, gebende Liebe sein. Glaube und Liebe gehen zusammen. Sie vervollständigen sich gegenseitig ... Weil wir Christus nicht sehen können, können wir unsre Liebe zu ihm nicht ausdrücken. Aber unsre Nächsten können wir immer sehen, und wir können ihnen tun, was wir, könnten wir Christus sehen, ihm tun würden.

(10)

DER RICHTIGE MOMENT

Eines Tages kam in Kalkutta ein Mann mit einem Arzneirezept zu uns. Er sagte: „Mein einziges Kind liegt im Sterben. Die Medizin, die es braucht, gibt es in Indien nicht, man muß sie aus dem Ausland einführen." Genau in diesem Augenblick – wir sprachen noch miteinander – kam ein Mann mit einem Korb voller Medikamente. Obenauf lag das gesuchte Medikament. Hätte es darunter gelegen, hätte ich es nicht gesehen. Wäre er vorher gekommen oder nachher, hätte ich es nicht sehen können. Aber genau zu dieser Zeit hat Gott sich in seiner zärtlichen Liebe unter Millionen und Abermillionen von Kindern so sehr um dieses kleine Kind in den Slums von Kalkutta gekümmert, daß er im richtigen Moment die Medizin schickte, um es zu retten. Ich preise die Zärtlichkeit und Liebe Gottes, denn jedes Kind, ob aus einer armen oder reichen Familie, ist ein Kind Gottes, geschaffen vom Schöpfer aller Dinge.

(12)

EIN HOHER BETRAG ...

Wir suchten ein Haus in London, um unser erstes europäisches Noviziat eröffnen zu können. Es gab viel Schwierigkeiten. Nach zahlreichen mehr oder weniger unnützen Versuchen meldete sich eine englische Dame: „Ich habe tatsächlich ein Haus zu verkaufen, aber es kostet 6500 Pfund Sterling in bar. Ich glaube an nichts, aber ich glaube an Ihr Werk –." Tagelang liefen die Schwestern durch die Stadt, machten Besuche, führten Gespräche, sprachen durch den Rundfunk. Als sie eines Nachts die Summe zählten, die sie bekommen hatten, waren es genau 6500 Pfund Sterling. Am nächsten Morgen wurde das Haus gekauft.

(7)

ER HALF MEINER SACHE

Es war mein erster Gang durch die Straßen Kalkuttas nach meiner Rückkehr aus Patna. Unvermutet kam mir ein Priester entgegen, der mich um einen Beitrag zugunsten einer guten Presse bat. Ich hatte das Haus mit 5 Rupien verlassen, von denen ich schon 4 den Armen gegeben hatte. Ich ließ ihm den Rest. Am Abend kam derselbe Priester mit einem Briefumschlag. Er sagte mir, er habe mit einem Bekannten gesprochen, der meine Sache unterstützen wolle. In dem Kuvert waren 50 Rupien. Ich fühlte in diesem Augenblick, daß Gott meiner Sache half und daß mich nichts davon abbringen würde.

(7)

ER GIBT UNS DIE MITTEL

An Geld verschwende ich keinen Gedanken.
Es kommt immer etwas.
Wir tun unsere ganze Arbeit für den Herrn.
Er muß für uns sorgen.
Wenn Er will, daß etwas getan wird,
muß Er uns die Mittel dafür geben.
Wenn Er uns die Mittel nicht gibt, zeigt das,
daß Er diese spezielle Arbeit nicht will.
Dann lasse ich es sein.

(3)

BROT

Es hat keinen einzigen Tag gegeben, an dem wir jemanden abweisen mußten, an dem wir kein Essen hatten oder kein Bett oder sonst etwas, und wir haben es doch mit Tausenden von Menschen zu tun. Wir haben 53000 Leprakranke, und dennoch ist nie einer weggeschickt worden, weil wir nichts besaßen. Es ist immer da, und wenn wir auch keinen Lohn, kein Einkommen, nichts haben, gibt man uns mit offener Hand, wie wir mit offener Hand weitergeben. Das ist ein herrliches Geschenk Gottes. Allein in Kalkutta sorgen wir jeden Tag für 7000 Menschen, und wenn wir nicht kochen, essen sie nicht. Es geschah, daß an einem Freitagmorgen die Schwester kam und mir sagte: „Mutter, Freitag und

Samstag gibt es kein Essen, wir müssen den Leuten sagen, daß wir heute und morgen nichts zu geben haben."

Ich war sprachlos und konnte dazu nichts sagen, doch um neun Uhr schloß die Regierung aus irgendeinem Grund alle Schulen, und alles Brot, das die Kinder hätten bekommen sollen, wurde uns geschickt, und unsere 7000 Menschen aßen Brot, Brot für zwei Tage. Noch nie im Leben hatten sie so viel Brot gegessen. Niemand in der ganzen Stadt wußte, warum die Schulen geschlossen worden waren, aber ich wußte es. Ich wußte, daß Gott mitfühlend und zuvorkommend ist ...

Das muß uns mit Vertrauen in die göttliche Vorsehung erfüllen, die ja sogar die Vögel und die Blumen erhält. Wenn doch Gott die jungen Raben, die zu ihm schreien, füttert, die Vögel nährt, die weder säen noch ernten; die Blumen auf dem Feld so prächtig kleidet; wieviel mehr wird er für die Menschen sorgen, die er nach seinem Bild geschaffen und als seine Kinder angenommen hat, wenn wir uns als solche verhalten, seine Gebote befolgen und ihm vertrauen.

Ich will nicht, daß die Arbeit zum Geschäft wird; sie soll ein Werk der Liebe bleiben.

(11)

MEIN HAUS IST DAS HAUS DER ARMEN

... Wir würden ein Dach brauchen, um die Verlassensten zu beherbergen. Um es zu finden, bin ich gegangen ... gegangen, bis ich nicht mehr weiterkonnte. Damals habe ich besser verstanden, welchen Grad der Erschöpfung die wirklich Armen erreichen müssen, wenn sie ständig dem bißchen Nahrung, den Medikamenten, kurz: allem nachjagen müssen. Die Erinnerung an die Behaglichkeit, die ich im Loreto-Kloster genossen hatte, war für mich damals eine Versuchung. O mein Gott, auf Grund meiner freien Entscheidung und nur um deiner Liebe willen will ich hier bleiben und tun, was dein Wille von mir fordert ... Nein, ich werde mich nicht zurückziehen, meine Kommunität sind die Armen. Ihre Sicherheit ist meine Sicherheit. Ihre Gesundheit ist meine Gesundheit. Mein Haus ist das Haus der Armen – nicht der Armen, sondern der Ärmsten unter den Armen: in deren Nähe man nicht geht, weil sie verseucht und schmutzig, voll von Bakterien und bedeckt mit Ungeziefer sind; die nicht betteln gehen, weil sie nicht nackt ausgehen können; die nicht essen, weil sie nicht mehr die Kraft dazu haben; die auf der Straße zusammenfallen im Bewußtsein, daß sie sterben werden, und an denen die Lebenden vorbeigehen und sich abwenden; die nicht mehr weinen, weil sie keine Tränen mehr haben; die Unberührbaren! Der Herr hat mich da haben wollen, wo ich bin. Er wird mir eine Lösung bringen.

(14)

STILLE

Die Stille läßt uns alles auf neue Weise sehen. Wir brauchen Stille, um Seelen anrühren zu können. Nicht was wir sagen ist wesentlich, sondern was Gott zu uns und durch uns sagt. Jesus wartet in der Stille immer auf uns. In dieser Stille wird er auf uns hören, wird er zu unserer Seele sprechen, werden wir seine Stimme hören. Innere Stille ist schwer zu erreichen, aber wir müssen uns darum bemühen. In der Stille finden wir neue Kraft und wirkliches Einssein. Die Kraft Gottes wird in allem unser sein, damit wir alles gut zu tun vermögen. Unsere Gedanken werden einssein mit seinen Gedanken, unsere Gebete mit seinen Gebeten, unser Tun mit seinem Tun, unser Leben mit seinem Leben. All unsere Worte werden nutzlos sein, wenn sie nicht aus unserem Inneren kommen. Worte, die nicht das Licht Christi geben, vergrößern die Dunkelheit.

(13)

LICHT DER WAHRHEIT

Überall sieht man dünne und dicke, alte und neue, billige und teure elektrische Kabel und Drähte verlegt – sie allein nützen nichts, und kein Licht wird brennen, wenn kein Strom in ihnen ist. Du und ich: wir sind die Drähte. Gott ist der Strom. An uns liegt es, ob der Strom uns durchfließt und wir das Licht der Welt aufscheinen lassen oder wir uns weigern und die Dunkelheit sich ausbreiten kann. Mein Gebet begleitet jeden von euch, und ich bete, daß jeder von euch heilig sein werde und so das Licht Gottes verbreite, wo immer er geht.

Laßt dieses Licht der Wahrheit im Leben jedes Menschen leuchten, damit Gott die Welt durch dich und mich weiterhin liebe. Legt euer ganzes Herz darein, ein helles Licht zu sein.

Liebe zu den Armen, die wir lieben, weil wir in ihnen heute Jesus Christus, das fleischgewordene Wort, finden, ist wie eine lebendige Flamme; je trockener das Holz, desto heller brennt sie. Das heißt, daß wir unsere Herzen frei machen müssen von weltlichen Beweggründen und eins werden mit dem Willen Gottes.

Je stärker wir mit Gott verbunden sind, desto größer wird unsere Liebe und unsere Bereitschaft, den Armen rückhaltlos zu dienen. Viel hängt von diesem Einswerden mit ihm ab.

Mehr als je zuvor ist es heute notwendig, um die Erleuchtung zu beten, das Wort Gottes zu erkennen, um die Liebe, den Willen Gottes anzunehmen und um den Weg, auf dem wir den Willen Gottes tun können.

(11)

NICHT WORTE, SONDERN BEISPIEL

Bringt Christus – ohne darin nachzulassen – zu den Menschen, die euch brauchen; bringt ihn nicht durch Worte, sondern durch euer Beispiel, durch die Liebe, die euch mit ihm verbindet; seid ihnen ein Abglanz seiner Heiligkeit, und verbreitet seine wohltätige Liebe, wo immer ihr auch seid. Bewahrt euch eure Kraft, die in der Freude Christi begründet ist. Seid fröhlich und friedvoll. Nehmt heiter und gelassen an, was immer er gibt, und gebt, was immer er nimmt. Ihr gehört ihm. Sagt ihm: „Ich gehöre dir, und würde man mich in Stücke reißen, gehörte jedes einzelne Stück nur dir." Laßt Christus in euch Opfer und Priester sein.

(30)

Mein Geheimnis ist ganz einfach. Ich bin ein Werkzeug der göttlichen Vorsehung; nicht ich habe es getan, Gott hat es so gewollt.

LITERATUR- UND QUELLENVERZEICHNIS

Die Ziffern am Schluß der Texte und Zitate verweisen auf die hier aufgeführten Bücher und Schriften, aus denen diese Worte Mutter Teresas entnommen wurden. Da viele ihrer Texte und Reden in unterschiedlichen Übersetzungen vorliegen, aber auch Redeteile, Berichte, Erzählungen, Zitate und Meditationen von ihr selbst in verschiedenen Reden und Interviews mit wechselnden Partnern aufgenommen wurden, war es nicht immer möglich, die Originalzitate zu ermitteln. Aus diesem Grunde ließen sich Dubletten inhaltlicher Art leider nicht vermeiden.

Soweit möglich wurden die Originalverlage wegen einer Abdrucklizenz angefragt. Wir danken für alle freundlichen Genehmigungen.

1 Allegri, Renzo: Mutter Teresa. Ein Leben für die Ärmsten der Armen, Verlag Neue Stadt GmbH, München 1993, 160 S.

2 Das Charisma der Mutter Teresa, herausgegeben und aus dem Englischen übertragen von Ilse Maria Hofmeister, Schwabenverlag AG, Ostfildern 1985, 94 S.

3 Chawla, Navin: Mutter Teresa. Die autorisierte Biographie, aus dem Englischen übertragen von Kattrin Stier, Wilhelm Goldmann Verlag, München 1993, 288 S.

4 Dienen in Freude. Meditationen und Gebete der Mutter Teresa von Kalkutta, herausgegeben von Christian Zippert, Kiefel Verlag GmbH, Wuppertal/Gütersloh 1994, 48 S.

5 Doig, Desmond: Mutter Teresa. Ihr Leben und Werk in Bildern, Geleitwort von Georg Hüssler, Verlag Herder, Freiburg i. Br. 1976, 192 S.

6 Fischer, Werner: Mutter Teresa von Kalkutta. Ein Heiligkeitsmodell des zeitgenössischen Katholizismus, Inauguraldissertation zur Erlangung des Grades eines Doktors der Philosophie im Fachbereich Religionswissenschaften der Johann

Wolfgang Goethe-Universität zu Frankfurt am Main, 1983, als Manuskript gedruckt, 256 und XXIII S.

7 Gonzàlez-Balado, José Luis: Christus lieben in den Armen. Mutter Teresas Leben und Botschaft, Herderbücherei Band 961, Verlag Herder, Freiburg i. Br. 1982, 128 S.

8 Gosselke, Josepha: Mit Mutter Teresa unterwegs, Begegnungen und Gespräche mit der Friedensnobelpreisträgerin, Herderbücherei Band 1013, Verlag Herder, Freiburg i. Br. 1983, 160 S.

9 Leistner, Yrsa von, Große Begegnungen aus der Sicht einer Künstlerin, Hohenrain-Verlag GmbH, Tübingen 1986 (Mutter Teresa, S. 193–211).

10 Muggeridge, Malcolm: Mutter Teresa, Geleitwort von Georg Hüssler, aus dem Englischen von Hans Schmidthüs, Verlag Herder, Freiburg i. Br. 1972, 128 S.

11 Mutter Teresa, Aus der Stille des Herzens. Beten mit Mutter Teresa, herausgegeben von Kathryn Spink, Verlag Herder, Freiburg i. Br. 1984, 96 S.

12 Mutter Teresa: Gedanken für jeden Tag, Herderbücherei Band 1767, Verlag Herder, Freiburg i. Br. 1992, 192 S.

13 Mutter Teresa – Friedensnobelpreis-Trägerin, Worte der Liebe, mit einer Einführung von Malcolm Muggeridge, Verlag Herder, Freiburg i. Br. 1993, 128 S.

14 Mutter Teresa von Kalkutta, Geistliche Texte, herausgegeben von Georges Gorrée und Jean Barbier, Topos-Taschenbücher Band 58, Matthias-Grünewald-Verlag, Mainz 5. Aufl. 1985, 104 S.

15 Mutter Teresa von Kalkutta, Nur ein Lächeln. Aussprüche, zusammengestellt von Roswitha Kornprobst, mit einer Einleitung von Eugen Vogt, Kanisius Verlag, Freiburg/Schweiz 1984, 48 S.

16 Mutter Teresa von Kalkutta: Mein Geheimnis ist ganz einfach, herausgegeben von Eugen Vogt, Kanisius Verlag, Freiburg/Schweiz 1980, 80 S.

17 Mutter Teresa – Frère Roger: Gebet. Quelle der Liebe, Verlag Herder, Freiburg i. Br. 1991, 96 S.

18 Mutter Teresa – Frère Roger: Kreuzweg, Verlag Herder, Freiburg i. Br. 1985, 64 S.

19 Mutter Teresa – Frère Roger: Maria. Mutter der Versöhnung, Verlag Herder, Freiburg i. Br. 1988, 72 S.

20 Ruppert, Helmut S. (Hrsg.): Mutter Teresa, Bastei-Lübbe-Taschenbuch Band 60012, Gustav Lübbe Verlag GmbH, Bergisch Gladbach 1979, 156 S.
21 Die Sprache der Hoffnung. Texte zur Orientierung: Mutter Teresa, mit einer Einführung herausgegeben von Peter Helbich, Gütersloher Taschenbücher/Siebenstern Band 472, Gütersloher Verlagshaus Gerd Mohn, Gütersloh 1984, 64 S.
22 Vogt, Eugen: Mutter Teresa – ein Werkzeug der göttlichen Vorsehung. Lebensbild – Geistliche Texte, Kanisius Verlag, Freiburg/Schweiz 1990, 48 S.
23 Ansprache Mutter Teresas auf dem Deutschen Katholikentag in Freiburg im Breisgau im September 1978.
24 Mutter Teresa, Lieben, bis es weh tut. Kanisius Verlag, Freiburg/Schweiz, S. 6ff., 14f.
25 Mutter Teresa, Mein Geheimnis ist ganz einfach. Hrsg. von Eugen Vogt, Kanisius Verlag, Freiburg/Schweiz, 1980.
26 Rede Mutter Teresas beim Eucharistischen Kongreß in Melbourne 1973.
27 Rede Mutter Teresas zur Verleihung des Templeton-Preises 1973.
28 Interview im Osservatore Romano 1975.
29 Zeitschrift „Hospiz-Bewegung".
30 Briefe an die Mitarbeiter.
31 Rede bei der Verleihung des Nehru-Preises.